Généalogie des *rois* de France et épouses royales

Claude Wenzler

Sommaire

Editions OUEST-FRANCE

Les grandes dynasties

que, pour leur part, les Francs du Rhin occuperont l'actuelle Rhénanie. Lente jusqu'au ve siècle, l'avancée franque s'accélère avec Clovis, qui entreprend de soumettre la totalité des tribus gauloises.

Les Francs

Les Francs entrent dans l'Histoire au milieu du IIIe siècle, lors des premières invasions de la Gaule en 258. Redoutables guerriers, ils ne présentent toutefois pas, jusqu'au IVe siècle, un front politique uni car ils sont partagés en plusieurs groupes tribaux. Deux d'entre eux se distinguent plus particulièrement : celui des Francs-Saliens et celui des Francs du Rhin. Le premier, le plus important, est établi dans ce qui correspond à la Belgique actuelle. Il est doté de son propre code de loi, la « *Lex Saliqua* » (loi salique), dont l'un des articles permettra d'empêcher les femmes d'accéder au trône. Le second groupe, moins cohérent, est établi dans la région de Cologne, sur les rives du Rhin et de la Moselle. Il prendra au VIIIe siècle le nom de « Francs Ripuaires ».
La conquête de la Gaule par les Francs s'effectue d'abord imperceptiblement et de deux façons. D'une part, des Francs, essentiellement des prisonniers, sont engagés par Rome pour coloniser les campagnes gauloises, qu'ils imprègnent peu à peu de leur culture. D'autre part, dès la fin du IIIe siècle, des soldats francs sont enrôlés dans les légions romaines, d'abord dans les corps auxiliaires puis dans les armées de campagnes. Ce faisant, ils se familiarisent avec les modes de gouvernement et d'administration de l'Empire. Certains d'entre eux deviennent même officiers supérieurs, tel Mérobaud, nommé « *Magister Peditum* », c'est-à-dire général, par l'empereur Valentinien en 375.
Mettant à profit l'affaiblissement de l'autorité romaine après les invasions barbares de 406, les Francs étendront progressivement leur domination : Clodion, de qui descendent les Mérovingiens, conquerra le nord de la Gaule jusqu'à la Somme, après s'être emparé de Cambrai (vers 430-440), tandis

▼ **Pharamon.**
Collection particulière C. Lebédel.

Les Mérovingiens

Cette dynastie remonte à Pharamond, chef franc mort en 428 et ascendant lointain de Clovis. Elle fait une entrée discrète dans l'Histoire, avec Clodion (ou Chlodion) dit le Chevelu, devenu roi de Cambrai après s'être emparé du nord de la Gaule (vers 430-440), puis avec Mérovée, qui, participant avec le général romain Aetius à la défaite d'Attila aux champs Catalauniques (451), donnera son nom à la première dynastie des rois de France.
Pour autant, on a coutume d'attribuer la fondation de la dynastie à Clovis Ier, fils de Childéric Ier, en raison de l'énergie qu'il sut déployer afin d'unir les différents peuples francs et les maintenir sous sa domination. Son habileté politique n'était pas moindre : il la montra, pressé par son épouse Clotilde, en se faisant baptiser avec trois mille de ses soldats à Reims (496). Ainsi, seul roi barbare de religion chrétienne, Clovis fut désormais mieux accepté par des populations chez qui le christianisme progressait et reçut le soutien de l'épiscopat.
Régnant d'abord sur les Francs-Saliens, les Mérovingiens étendent leur suprématie, à partir de l'avènement de Clovis (482) et après les conquêtes de ce dernier, à l'ensemble la Gaule, où ils implan-

tent une civilisation nouvelle, synthèse d'apports franciques, germaniques, romains, d'éléments gaulois et chrétiens. Et cette hégémonie se maintiendra en Gaule jusqu'à la prise du pouvoir par Pépin le Bref (751), soit plus de trois siècles.

A la mort de Clovis (511), ses conquêtes sont partagées entre ses quatre fils, Thierry Ier, Clodomir, Childebert Ier et Clotaire Ier, qui poursuivent sa politique d'expansion en annexant le royaume burgonde (534) et en gagnant la Provence (537). Surmontant les rivalités, échappant aux assassinats et profitant de morts naturelles, Clotaire rétablit l'unité du « *Regnum Francorum* » (558) pour peu de temps puisque son décès (561) provoque un nouveau morcellement du royaume

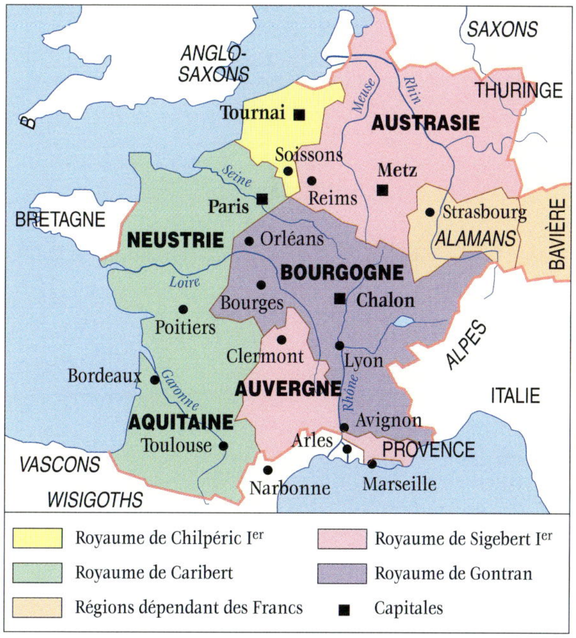

Partage du royaume franc (561).

▼ **Baptême de Clovis à Reims (496). En recevant l'onction sacrée, Clovis entre dans l'Histoire comme le premier roi barbare chrétien.**
Châteaux de Versailles et Trianon.
Photo RMN - Gérard Blot.

entre ses fils : Caribert devient roi de Paris (561 à 567), Gontrand roi de Bourgogne (561 à 593), Sigebert reçoit l'Austrasie, c'est-à-dire l'est de la France actuelle (561 à 575) et Chilpéric Ier le royaume de Soissons (561 à 584). Ce partage déchaîne de nouvelles rivalités et des conflits sanglants.

Si Dagobert, roi de 629 à 639, parvient à rétablir une souveraineté forte et stable, ses fils Sigebert III, roi d'Austrasie et Clovis II, roi de Bourgogne et de Neustrie (nord de la France) se déchirent à leur tour. Ils abandonnent le pouvoir aux grands dignitaires du royaume, et en particulier aux maires du Palais (qui sont, à l'origine, des majordomes chargés de la gestion de la maison royale). Ainsi, c'est d'abord Pépin d'Héristal, qui, en qualité de maire, s'impose à partir de 679. Puis ses descendants gouvernent l'ensemble du « *Regnum Francorum* », sous le règne apathique des rois « *fainéants* » (Clovis III, Childebert III, Dagobert III, Chilpéric II, Clotaire IV et Thierry IV). Accaparant à son profit le pouvoir qui lui avait été confié et avec l'accord du pape Zacharie, Pépin le Bref, fils de Charles Martel, enfermera le dernier roi mérovingien Childéric III dans un monastère et s'emparera du titre royal (751), donnant naissance à la dynastie carolingienne.

▲ **Pépin le Bref. Gisant.**
Abbatiale de Saint-Denis. Photo Hervé Champollion.

Les Carolingiens

Descendant des Pippinides (du nom de Pépin de Landen, grand-père de Pépin d'Héristal), cette famille franque a donc progressivement substitué son pouvoir à celui des Mérovingiens défaillants. Pépin le Bref, après s'être emparé du pouvoir royal (751), est sacré par le pape à Soissons (752) puis à Saint-Denis (754). Cette alliance de la royauté et de l'Eglise grandira le pouvoir des Carolingiens : soutenus par Rome, Pépin le Bref puis Charlemagne pourront entamer une politique d'expansion énergique, tant du « *Regnum Francorum* » que de la Chrétienté elle-même.

Et l'expansion carolingienne débute vers 755, lorsque que Pépin le Bref répond à l'appel du pape Etienne II dont les intérêts sont menacés par les Lombards. Elle se prolonge avec son fils Charles, le futur Charlemagne, qui intervient en Germanie, en Espagne et en Italie pour y conquérir le royaume lombard. Achevée pour l'essentiel à la fin du VIIIe siècle, elle confère à Charles un prestige considérable : détenteur unique du pouvoir temporel dans toute la Chrétienté, il sera consacré « *Empereur des Romains* », à Rome (800), confortant ainsi l'union de l'Empire avec la Papauté.

La puissance de cet empire reste néanmoins fragile. En effet, compte tenu de la pluralité des Etats qui le composent, il fallait une personnalité forte, comme celle de Charlemagne, pour en maintenir toute l'unité. Hélas, la faiblesse de Louis Ier le Pieux, son fils, fragilise dangereusement cet ensemble, d'autant plus que la loi franque de division successorale entre les héritiers masculins prévaut encore.

En vertu de celle-ci, dès 806, Charlemagne a bien prévu, par l'acte de Thionville, le partage de son empire entre ses trois fils. Mais la mort qui frappe Pépin en 810 et Charles en 813 laisse Louis Ier le Pieux héritier unique. Et pour ce dernier, l'Empire ne saurait être divisé : aussi promulgue-t-il l'« *Ordinatio Imperii* » (817) proclamant, au mépris des anciens usages, son fils aîné Lothaire seul béné-

▲ **Bataille de Fontenoy-en-Puisaye (840). Elle oppose Louis le Germanique et Charles le Chauve à Lothaire, rivaux pour la succession de leur père Louis le Pieux.**
Châteaux de Versailles et Trianon.
Photo RMN - Gérard Blot.

ficiaire de la dignité impériale et unique héritier de l'Empire, et l'associant immédiatement au pouvoir. Mais l'idée sera trop nouvelle, trop opposée à la coutume du partage jusqu'alors suivie pour être acceptée : au lieu de préserver l'unité de l'empire, elle ouvrira une querelle dynastique qui lui sera fatale. Tout le règne de Louis Ier sera ainsi marqué par les rebellions et les rivalités entre ses fils Lothaire, Pépin, Louis le Germanique et Charles le Chauve, qui se poursuivront après sa mort pour aboutir au traité de Verdun (843), divisant l'Empire en trois royaumes attribués à Lothaire, Louis et Charles.

La faiblesse caractérise donc le mode de gouvernement de la Maison carolingienne : une administration déficiente, que dirigent amis ou parents, et la transmission orale des ordres impériaux favoriseront la naissance d'une puissante féodalité, tandis qu'à chaque partage successoral, le morcellement des royaumes acheminera l'Occident vers un émiettement territorial.

Sur le plan culturel en revanche, la période carolingienne s'est traduite par une véritable explosion des arts dans de nombreux domaines (fresques, enluminures, architecture, ivoires sculptés…). Son influence sera encore nettement perceptible à la fin du Xe siècle.

L'Empire de Charlemagne (800)

Les Capétiens

La dynastie capétienne, qui fonde véritablement la puissance royale en France, règne près de huit siècles, d'abord en ligne directe de 987 à 1328, puis par la succession de branches collatérales.
La branche maîtresse doit son nom à Hugues Capet, issu des Robertiens, famille qui joue un rôle important à partir de Robert le Fort, mort en 866 après s'être illustré en combattant les Normands et dont les fils Eudes et Robert Ier ont régné en France respectivement de 888 à 898 et de 922 à 923, en alternance avec les Carolingiens. L'accession au trône d'Hugues Capet, à la mort du dernier Carolingien Louis V, ouvre véritablement l'histoire de la Maison capétienne. Et celle-ci s'éteint avec Charles IV le Bel, mort sans héritier mâle : ses frères Louis X et Philippe V décédés, sa sœur Isabelle écartée du trône en vertu de la loi salique excluant les femmes de la succession, la couronne passera alors à son cousin Philippe VI de Valois.
A partir d'un domaine modeste en Ile-de-France en

987, les Capétiens sont parvenus de façon remarquable à étendre leur royaume : à la mort du dernier roi capétien, Charles IV le Bel (1328), seules la Flandre, la Bretagne et la Bourgogne demeurent en dehors d'un royaume dont les frontières de l'Est suivent approximativement les courbes de l'Escaut, de la Meuse et du Rhône. Philippe Auguste parviendra même à éliminer la vaste enclave que constituait le domaine des Plantagenêts dans les provinces de l'Ouest (la lutte contre les Anglais restera d'ailleurs l'une des priorités du règne des Capétiens).

Le domaine royal au XIIe siècle.

Une telle expansion ne pouvait s'envisager sans le soutien d'une administration efficace : les Capétiens se sont attachés à exercer leur autorité sur l'ensemble de leurs sujets et à centraliser leur pouvoir. Ils habituent les grands féodaux, dont ils sont les suzerains, à s'incliner devant le pouvoir royal, en intervenant par exemple sur leurs terres. Ils savent aussi créer des institutions nouvelles, telles que le Conseil du Roi, le Parlement, la Chambre des Comptes… permettant au royaume, progressivement dégagé de l'emprise féodale, d'exister en tant qu'Etat. Leur plus grande habileté est sans doute de tourner à leur profit certains usages comme cela apparaît dans un domaine aussi capital que la succession : à l'origine, c'est la règle de l'élection à la couronne qui prévaut. Pour éviter que la couronne n'échappe à leur descendance, les Capétiens assureront donc leur succession en associant au pouvoir

◄ **Suger, abbé de Saint-Denis, confie l'oriflamme de France à Louis VI le Gros, en marche contre les troupes de l'empereur germanique Henri V.**
Châteaux de Versailles et Trianon. Photo RMN - Gérard Blot.

leurs fils aînés, qui, généralement, les remplaceront sur le trône, après une élection de principe par les Grands. Puis, peu à peu, ils réussiront à imposer le principe de l'hérédité, garantissant la continuité dynastique en faisant couronner de leur vivant celui qu'ils avaient choisi pour successeur.

Dans le domaine religieux, les Capétiens jouissent d'un grand prestige. Ils favorisent églises et abbayes, prennent pour conseillers des clercs (le célèbre Suger, abbé de Saint-Denis, conseillera ainsi Louis VI et Louis VII). En contrepartie, le pouvoir royal, devenu héréditaire, sera également conforté par le sacre, qui investit le roi d'une aura et d'un pouvoir d'origine divine. D'ailleurs, c'est à partir de Philippe Ier, qui accède au trône en 1060, que le roi aura même la réputation de guérir par simple toucher certaines maladies comme les écrouelles ... Quant à Saint Louis, il est, pour la Chrétienté entière, le modèle vivant du roi chrétien et sa canonisation (1297) ne fait qu'accroître le prestige de la dynastie.

Les Valois

Cette maison dirige la France de l'avènement de Philippe VI (1328) à celui d'Henri IV (1589). Branche cadette de la dynastie capétienne, elle présente elle-même trois ramifications :

- Les **Valois directs**, issus de Charles de Valois, frère cadet de Philippe IV le Bel, qui règnent depuis l'accession au trône de Philippe VI (1328) jusqu'à la mort sans postérité de Charles VIII (1498).
- Les **Valois-Orléans**, issus de Louis Ier d'Orléans, second fils de Charles V. Louis XII est le seul représentant de cette branche qui montera sur le trône (1498 à 1515).
- Les **Valois-Angoulême**, issus de Louis Ier d'Angoulême, qui accèdent à la couronne à la mort de Louis XII, avec François Ier (1515). Ils la conserveront jusqu'à la mort sans descendance d'Henri III (1589).

Dès son accession au trône, la Maison de Valois se heurte aux épreuves de la guerre de Cent Ans : les défaites et l'occupation anglaise d'une partie du royaume amoindrissent son autorité, les grands feudataires contestent sa souveraineté, dangereusement menacée par la division du pays en factions opposant Armagnacs et Bourguignons. L'épopée légendaire de Jeanne d'Arc (1429) fera pourtant renaître un sentiment patriotique qui permettra à Charles VII de repousser l'envahisseur anglais hors des frontières.

A partir de la fin du XVe siècle cependant, les Valois (dont Charles VII et Louis XI) sont parvenus à imposer leur souveraineté aux grands féodaux et assurent, à travers le perfectionnement de ses institutions, la centralisation du pouvoir. Pourtant leur fin est proche, accélérée par les guerres d'Italie et celles dites de Religion, ainsi que par une lutte quasi permanente contre l'empereur germanique Charles Quint. Mais c'est aussi le temps des fastes et des raffinements de la Renaissance, dont Louis XII, François Ier et Henri II se font les promoteurs. C'est l'époque de Chambord, de Fontainebleau, du Louvre...

Assassinat d'Henri IV. ►
Le 14 mai 1610, le roi, qui avait instauré un régime de tolérance religieuse avec l'édit de Nantes (1598), mourra pourtant sous le poignard de Ravaillac, un ancien ligueur fanatique.
Château de Pau.
Photo RMN - H. Lewandowski.

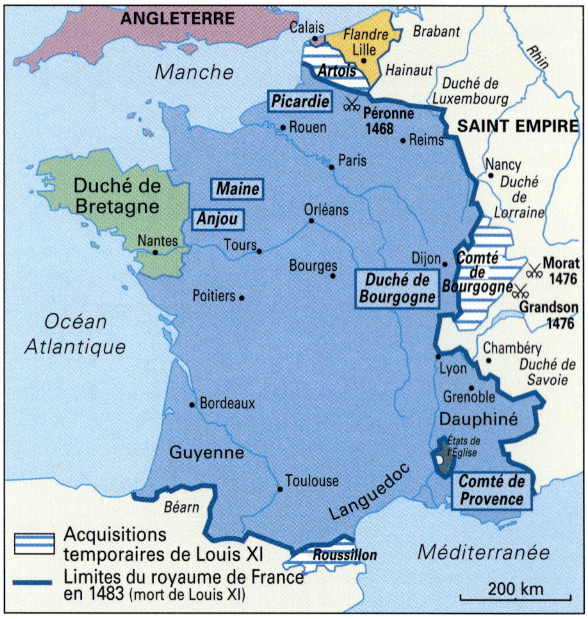

La France à la mort de Louis XI.

Les Bourbons

La fondation de la Maison de Bourbon, qui tire son nom de Bourbon-l'Archambault, capitale du duché de Bourbon, remonte au XIIIe siècle. Elle a pour tige Robert de Clermont, mort en 1317, sixième fils de Saint Louis et époux de Béatrice de Bourbon. Deux branches principales sont issues de cette Maison : la **branche aînée** et celle de **Marche-Vendôme.**

Issue de Pierre Ier (1311-1356), la **branche aînée** a donné notamment Pierre II, sire de Beaujeu, septième duc de Bourbon, époux d'Anne de France, régent du royaume avec sa femme durant la minorité de Charles VIII, ainsi que Charles III, huitième duc de Bourbon, connétable de France, qui sera dépossédé de son duché en 1523 par François Ier parce qu'il s'était associé aux Impériaux. Son fief sera alors remis à la Maison de Marche-Vendôme, représentée par Antoine de Bourbon, mort en 1562, époux de Jeanne d'Albret et père d'Henri de Navarre, futur Henri IV : ce dernier sera le premier représentant de la lignée de **Marche-Vendôme (ou Bourbon-Vendôme)** qui, de 1589 à 1830, presque sans discontinuité, verra se succéder sur le trône Henri IV,

Louis XIII, Louis XIV, Louis XV, Louis XVI, Louis XVIII et Charles X. Elle s'éteindra en 1883, avec la mort sans postérité du comte de Chambord à Frohsdorf.

Des Bourbon-Vendôme sont issues de nombreuses branches collatérales :

• Les **Condés** : cette branche est issue de Louis Ier de Bourbon, prince de Condé et illustrée, entre autres, par le Grand Condé au courage légendaire. Elle disparaît en 1804 avec le duc d'Enghien. De cette branche est né le rameau des Conti, éteint en 1814.

• Les **Bourbon-Orléans** : ils se partagent en deux branches : la première se limite à Gaston d'Orléans, mort en 1660, frère de Louis XIII et sa fille, la « Grande Mademoiselle », morte sans postérité en 1693. La seconde est issue de Philippe, duc d'Orléans, frère de Louis XIV, et règne avec Louis-Philippe.

• Les **Bourbons d'Espagne** : cette branche accède au trône d'Espagne en 1700 avec Philippe V, duc d'Anjou, troisième petit-fils de Louis XIV et mort

▲ **Louis XIV en promenade dans ses jardins de Versailles. Dans le palais démesuré et ses immenses jardins rectilignes, la Cour vit au rythme du Roi-Soleil et suspendue à son bon vouloir.** *Châteaux de Versailles et Trianon.* Photo RMN - Gérard Blot.

La France à la mort de Louis XIV (1715).

en 1746. Juan Carlos, petit-fils d'Alphonse XIII, proclamé roi d'Espagne (1975) à la mort du général Franco, descend en droite ligne de Philippe V et donc du Roi-Soleil. Des Bourbons d'Espagne se sont détachés divers rameaux, dont les **Bourbon-Parme**, issus de Philippe, fils cadet de Philippe V, duc de Parme, qui perdirent leur duché de Parme (1860), et les **Bourbon-Sicile**, issus de Ferdinand, second fils de Charles III d'Espagne, roi des Deux-Siciles, qui seront également dépossédés (1860).

Au XVIIe siècle, la famille de Bourbon porte la monarchie absolue à son apogée et impose la suprématie de la France en Europe, malgré de graves difficultés. En effet, Louis XIV est presque constamment en guerre intérieure, en butte aux révoltes d'un peuple lassé d'une trop lourde fiscalité, et face aux princes du sang, mécontents d'être progressivement exclus du pouvoir (le roi gouverne avec un Conseil réduit à quelques fidèles). Et à l'extérieur, les prétentions espagnoles et germaniques menacent l'intégrité du royaume.

En dépit d'un certain fléchissement de la monarchie absolue, le XVIIIe siècle est tout de même celui où la Maison de Bourbon occupe les trônes de France, d'Espagne, de Parme et des Deux-Siciles, étendant la puissance de cette famille jusqu'à l'Italie, l'Inde et le Canada.

▼ **Louis XVI au pied de l'échafaud. Condamné à mort à une faible majorité par la Convention, le roi est exécuté le 21 janvier 1793. Sa mort déchaînera contre la France la coalition des nations européennes.**
Châteaux de Versailles et Trianon. Photo RMN.

Rois de France

Les Francs

Clodion (ou Chlodion) le Chevelu
(Vers 400 - 429 - 447)*
Chef franc, il règne sur les Francs-Saliens de 429 jusqu'à sa mort en 447.

Mérovée (ou Mérowig)
(? - 447 - 457)
Fils présumé de Clodion, il lui succède à partir de 447. Il participe avec le général romain Aetius à la bataille des champs Catalauniques (451) qui conduit Attila à la défaite.

Childéric Ier
(436 - 457 - 481)
Epouse : Basine de Thuringe.
Dernier roi païen, il succède à son père Mérovée en 457.

Les Mérovingiens

Clovis
(465 - 481 - Paris 511)
Epouse : Clotilde.
Fils de Childéric Ier et de Basine, il bat à Soissons (486) le général romain Syagrius, qui commandait les troupes romaines en Gaule. Cette victoire sera décisive, lui livrant, soit par conquête, soit par capitulation, tout le pays au nord de la Loire. Il combat ensuite les Alamans à Tolbiac (496) puis vainc le roi des Burgondes Gontebaud en 500, près de Dijon, et le roi des Wisigoths Alaric II, en 507, à Vouillé. A sa mort, la quasi-totalité des tribus gauloises, à l'exception de celles du bassin rhodanien et des régions méditerranéennes, est rangée sous son autorité.
Sous la pression de son épouse Clotilde, princesse burgonde, il adopte le catholicisme, religion d'une grande majorité de ses sujets : il est baptisé à Reims à la Noël 496, par saint Remi. Clovis sera dès lors soutenu par l'épiscopat. Suivant la loi franque de la succession, son royaume sera partagé entre ses quatre fils.

▾ **Clovis.**
Collection particulière C. Lebédel.

Clotaire Ier le Vieux
(497 - 558 - Compiègne 561)
Epouses : Chunsène, Gondioque, Ingonde, Arégonde, Radegonde, Vultrade.
Dernier fils de Clovis, il doit reconquérir les territoires de ses frères. A sa mort, le royaume est à nouveau partagé entre ses quatre fils.

Clotaire II le Jeune
(584 - 613 - 629)
Epouses : Haldetrude, Bertrude, Sichilde (ou Sicheut).
Fils du roi de Neustrie Chilpéric Ier (523-584) et de Frédegonde, il est roi des Francs de 613 à 629.

* Note : les trois années indiquées correspondent à l'année de naissance, l'année d'accession au trône, et l'année de décès.

FRANCS ET MEROVINGIENS

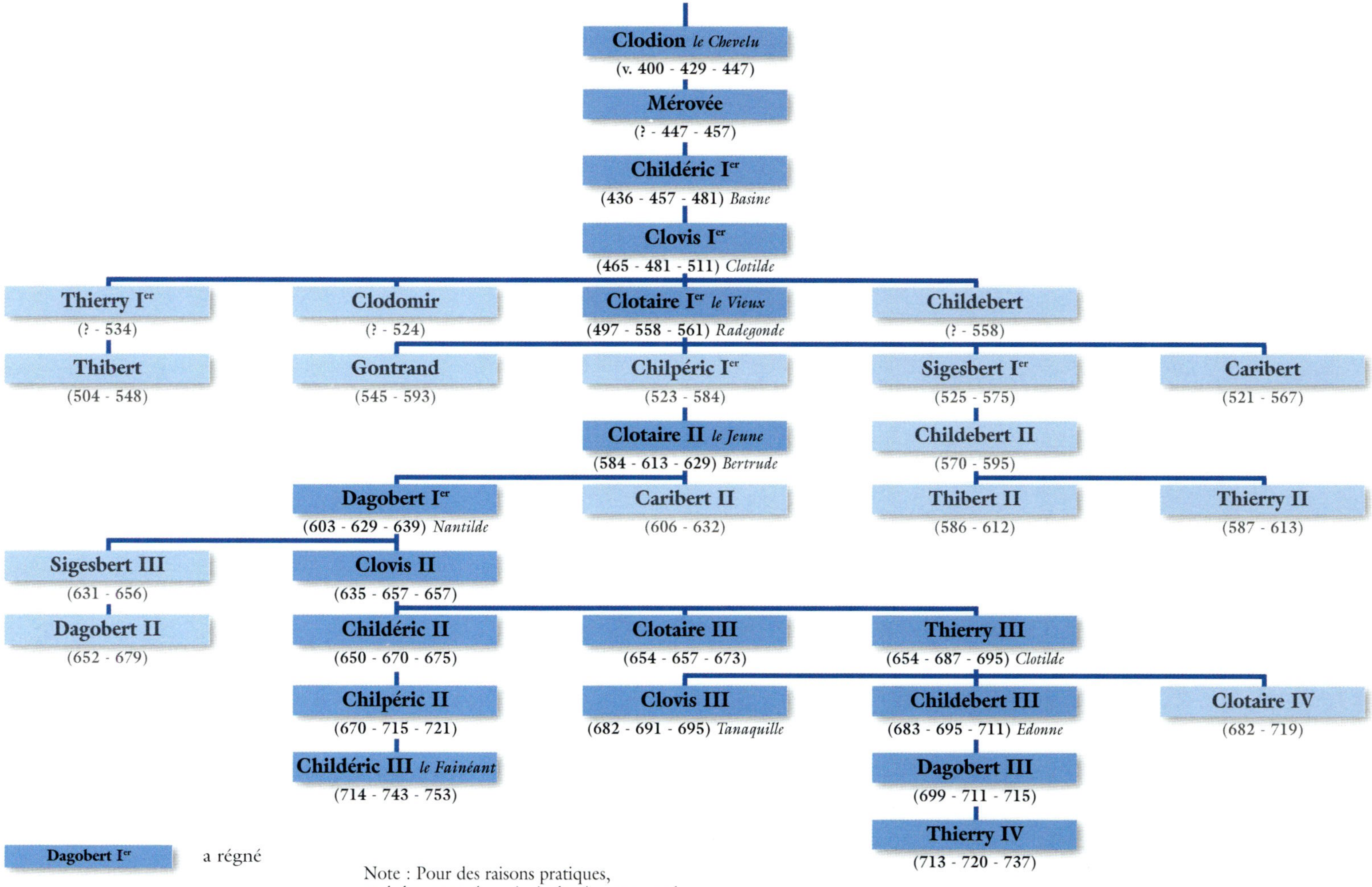

Dagobert Ier — a régné

Thibert — n'a pas régné

Note : Pour des raisons pratiques,
seuls les noms des principales épouses royales
sont mentionnés sur ce tableau.

Dagobert. ►
Collection particulière C. Lebédel.

Dagobert Ier
(603 - 629 - Saint-Denis 639)
Epouses : Gomotrude, Nanthilde, Ragnétrude.
Fils de Clotaire II et de Bertrude, il est nommé, du vivant de son père, roi d'Austrasie, sous la tutelle de Pépin de Landen, maire du Palais, vers 623, et devient l'unique roi des Francs en 629.
Pendant plus de dix ans, entouré de conseillers éclairés (saint Ouen et saint Eloi), il rétablit l'unité du « *Regnum Francorum* » et restaure l'autorité royale. Il sera d'ailleurs l'un des rares Mérovingiens à régner sans partage, son prestige personnel lui assurant la soumission absolue de son royaume.

Clovis II
(635 - 657 - 657)
Epouse : Bathilde.
Devenu roi de la totalité du pays en 657, il laisse gouverner sa mère et les maires du Palais.

Clotaire III
(654 - 657 - 673)
Premier fils de Clovis II et de Bathilde, il laisse le maire du Palais gouverner.

Childéric II
(650 - 670 - 675)
Epouse : Bilichilde.
Deuxième fils de Clovis II, il laisse, lui aussi, gouverner à sa place le maire du Palais. Il sera assassiné au cours d'une chasse en forêt de Bondy.

Thierry III
(654 - 687 - 695)
Epouse : Clotilde.
Son règne est troublé par des luttes intestines et des rivalités pour le pouvoir, pendant lesquelles les maires du Palais interviennent fréquemment.

Clovis III
(682 - 691 - 695)
Epouse : Tanaquille.
Fils de Thierry III et de Clotilde, il ne règne que d'apparence car Pépin d'Héristal détient le pouvoir. Il meurt sans postérité.

Childebert III
(683 - 695 - 711)
Epouse : Edonne.
Fils de Thierry III, dominé par le maire du Palais Pépin d'Héristal entre les mains duquel il abandonne tout son pouvoir, il est l'image même du « *roi fainéant* ».

Dagobert III
(699 - 711 - 715)
Fils de Childebert III, il laisse Pépin d'Héristal gouverner en son nom.

Chilpéric II
(670 - 715 - 721)
Fils de Childéric II, il est d'abord protégé par son maire du Palais, Charles Martel, qui l'abandonnera pour faire reconnaître comme roi contre lui Clotaire IV, fils présumé de Thierry III.

Thierry IV de Chelles
(713 - 720 - 737)
Fils de Dagobert III, il gouverne sous la tutelle de Charles Martel, qui l'avait retiré de l'abbaye de Chelles où il était élevé.

Childéric III le Fainéant
(714 - 743 - Saint-Bertin près de Saint-Omer 753)
Epouse : Gisèle.
Fils de Chilpéric II, choisi par Charles Martel pour succéder à Thierry IV, il est couronné en 743 par Pépin le Bref, maire du Palais. Mais son pouvoir n'est que de façade et, déposé par Pépin en 751, il est enfermé dans un monastère proche de Saint-Omer, tandis que son fils est relégué à l'abbaye de Saint-Wandrille.

▾ **Pépin le Bref.**
Collection particulière
C. Lebédel.

CAROLINGIENS

- **Pépin l'Ancien** (v. 580 - 640)
  - **Anségisel** (? - 679)
    - **Pépin d'Héristal** (v. 640 - 714)
      - **Charles Martel** (685 - 741)
        - **Pépin le Bref** (715 - 751 - 768) *Berthe*
          - **Charlemagne** (742 - 768 - 814) *Hidegarde*
            - **Charles** (? - 813)
            - **Louis Ier *le Pieux ou le Débonnaire*** (778 - 814 - 840) *Ermengarde, Judith de Bavière*
              - **Louis le Germanique** (804 - 843)
                - **Charles le Gros** (839 - 884 - 888) *Richarde*
              - **Lothaire Ier** (795 - 855)
              - **Pépin d'Aquitaine** (803 - 838)
              - **Charles II *le Chauve*** (823 - 840 - 877) *Ermentrude*
                - **Louis II *le Bègue*** (846 - 877 - 879) *Ansgarde, Adélaïde*
                  - **Carloman** (866 - 879 - 884)
                  - **Louis III** (863 - 879 - 882)
                  - **Charles III *le Simple*** (879 - 898 - 929) *Odgive d'Angleterre*
                    - **Louis IV *d'Outremer*** (918 - 936 - 954) *Gerberge de Saxe*
                      - **Lothaire** (941 - 954 - 986) *Emma*
                        - **Louis V *le Fainéant*** (967 - 986 - 987) *Adélaïde d'Anjou*
            - **Pépin** (806 - 810)
          - **Carloman** (751 - 768 - 771)

Charlemagne : a régné

Charles : n'a pas régné

Note : Pour des raisons pratiques, seuls les noms des principales épouses royales sont mentionnés sur ce tableau.

Les Carolingiens

Pépin le Bref

(Jupille (Belgique) 715 - 751 - Saint-Denis 768)

Epouses : Rotrude (ou Chrotrud), Swanahilde (ou Sonichilde), Berthe dite au *Grand Pied* (ou Bertrade de Laon).

Deuxième fils de Charles Martel et de Rothrude, il succède à son père en 741, au côté de son frère Carloman, à la mairie du Palais. Après l'abdication de Carloman en 747, Pépin le Bref sollicite en 750 l'appui du pape Zacharie pour déposer le Mérovingien Childéric III : il obtient la réponse célèbre, selon laquelle était roi celui qui exerçait réellement le pouvoir. Childéric III sera donc relégué dans un monastère en 751 et Pépin proclamé roi. Sacré à Soissons (752) puis à Saint-Denis (754), il bénéficie désormais de la légitimité acquise par Clovis Ier, celle d'être élu de Dieu. Cette alliance de la Couronne et du Saint-Siège se traduira dès 754 et 756, par deux campagnes en Italie durant lesquelles Pépin portera assistance au pape Etienne II, menacé par le roi des Lombards Aistulf. Par ailleurs, il fera la conquête de l'Aquitaine (760-768) et mourra après avoir partagé son royaume entre ses deux fils.

▲ **Charlemagne.**
Palais de Justice, Paris. Photo Hervé Champollion.

Charles Ier le Grand (ou Charlemagne)
(du latin *Carolus Magnus*)
(742 - 768 - Aix-la-Chapelle 814)
Epouses : Himiltrude, Désirade, Hildegarde, Fastrade, Liutgarde, Madelgarde, Gerswinde, Régina, Adelinde.

Fils aîné de Pépin le Bref et de Berthe, sacré roi en 751, il règne d'abord sur l'Aquitaine, la Neustrie, l'Austrasie et ses dépendances germaniques, puis hérite en 771 des possessions de son frère aîné Carloman. L'unité du « *Regnum Francorum* » ainsi rétablie, le pape Léon III le sacre empereur des Romains, le jour de Noël 800, à Rome.

Installé à Aix-la-Chapelle, le plus prestigieux des souverains carolingiens poursuit tout au long de son règne deux ambitions principales. La première est le rétablissement de l'ordre. Il confie aux comtes et aux évêques des territoires dont ils prennent la responsabilité directe, contrôlés par les *missi dominici* qui assurent le contact entre le palais et l'administration locale. Pour mieux gouverner, il remplace les ordres jusqu'alors oraux par des écrits (*capitulaires*). Il réforme la justice, crée un corps de juges spécialisés désignés par les *missi*. Pour s'appuyer sur une Eglise forte, il associe les évêques et les abbés aux tâches de l'administration séculière, sans se priver d'intervenir de façon autoritaire dans les affaires ecclésiastiques ni de veiller au redressement spirituel et moral du clergé et des fidèles. Il organise l'évangélisation des régions nouvellement conquises, l'éducation chrétienne des enfants, l'instruction des clercs. De très nombreuses écoles et monastères sont ainsi fondés sous son règne. Cette politique favorise un certain renouveau de l'activité intellectuelle et artistique, qu'on appelle la « Renaissance carolingienne ».

Sa seconde ambition est la construction en Occident d'un vaste empire chrétien. Il dirige de nombreuses campagnes militaires : en Lombardie (774) ; contre les Saxons, soumis en 804 ; contre les Arabes en Espagne en 778 ; contre les Bavarois ; contre les Avars en Hongrie (791-796)... A la fin du VIIIe siècle, son empire est immense, correspondant à la plus grande partie de l'Occident, mais il sera d'une durée éphémère car l'acte de Thionville (806) le partagera, de son vivant, entre ses trois fils.

Louis Ier le Débonnaire ou le Pieux

(Chasseneuil 778 - 814 - près d'Ingelheim 840)
Epouses : Irmingarde (ou Ermangarde), Judith de Bavière.
Troisième fils de Charlemagne et de Hildegarde, il est en 781 roi d'Aquitaine, puis à la mort de ses frères, seul successeur de Charlemagne qui le consacre empereur, à Aix-la-Chapelle, en 814. Afin de régler à l'avance sa succession, il divise de son vivant l'empire en trois royaumes, attribués à chacun de ses fils, Louis le Germanique, Pépin d'Aquitaine et Lothaire, avec une primauté pour ce dernier, l'aîné (*Ordinatio Imperii*, 817). Cet acte devait constituer un compromis entre l'idée d'unité de l'empire et la coutume franque du partage successoral.
Mais la seconde épouse de Louis le Pieux, Judith de Bavière, donnant naissance en 823 à un quatrième fils, Charles, et, exigeant qu'il soit doté comme ses frères, rejette le partage de 817. Une grave crise éclate, durant laquelle les quatre fils se rebellent contre leur père. Finalement, l'immense empire de Charlemagne sera repartagé après la mort de Pépin d'Aquitaine, entre Louis le Germanique, Charles et Lothaire (traité de Verdun en 843).

Charles II le Chauve

(Francfort 823 - 840 - Avrieux 877)
Epouses : Ermentrude, Richeut.
Fils cadet de Louis Ier le Pieux et de Judith de Bavière, il est passionné par les arts, les lettres, la dialectique et la théologie et fait de sa cour un brillant centre de culture.
Son règne pourtant sera mouvementé : il doit affronter la jalousie de ses frères, Lothaire, Louis le Germanique et Pépin d'Aquitaine, nés d'un premier mariage de son père et bénéficiaires du partage de l'empire en 817 (*Ordinatio Imperii*). Après le traité de Verdun en 843, il obtient une bonne partie de l'empire, devient roi de France en 843, et sera couronné empereur des Romains en 875 par le pape Jean VIII.

Louis II le Bègue

(846 - 877 - Compiègne 879)
Epouses : Ansgarde d'Hiémois, Adélaïde (ou Aélis) de Paris.
Fils de Charles II le Chauve et d'Ermentrude, il se révolte contre son père et sera difficilement reconnu roi en 877. Sous son règne, le royaume, fragilisé, s'émiette en de multiples seigneuries.

Louis III et Carloman

(Louis : 863 - 879 - Saint-Denis 882
Carloman : 866 - 879 - 887)
Fils de Louis II le Bègue et d'Ansgarde, Louis III et Carloman règnent conjointement et affrontent les Normands sur la Loire et en Normandie. Louis III mort, Carloman régnera seul.

Charles le Gros

(Neidingen 839 - 884 - Neidingen 888)
Epouse : Richarde.
Fils de Louis le Germanique, petit-fils de Louis le Débonnaire, devenu roi de France en 884 au détriment de Charles le Simple, il assiste, sans s'y opposer, au siège de Paris par les Normands, en 885. Retiré en Alsace, déposé à la Diète de Tribur (novembre 887), il se réfugie au monastère de la Reichenau en Souabe où il meurt l'année suivante.

Eudes

(860 - 888 - La Fère 898)
Epouse : Théodérade.
Il n'est pas carolingien : fils aîné de Robert le Fort, il est en réalité un Robertien, branche dont descendent les Capétiens. Comte de Paris, il défend cette ville avec succès en 885 et repousse le siège des Normands malgré l'inertie du roi. En 888, les Grands le couronnent à Compiègne. Il fait face au Carolingien Charles le Simple, que l'archevêque de Reims avait déjà consacré en 893. Après une lutte confuse, Eudes, malade, traite avec ce dernier en 897 et meurt l'année suivante, après avoir recommandé à ses vassaux de reconnaître son ancien rival.

Charles III le Simple

(879 - 898 - Péronne 929)
Epouse : Odgive (ou Edvige) d'Angleterre.
Fils posthume de Louis II le Bègue et d'Adélaïde, il voit ses droits contestés. Sacré à Reims en 893, il partage d'abord le pouvoir avec Eudes (de 896 à 898), puis règne seul, de 898 à 923. Il négocie la paix avec le chef des Normands Rollon (traité de Saint-Clair-sur-Epte, 911), autorisant leur installation dans la vallée de la Seine et mettant ainsi un terme aux invasions des Vikings dans le royaume

franc. Sa légitimité est contestée par le duc Robert (frère du défunt roi Eudes), qui, couronné à Reims (922), est attaqué près de Soissons par Charles III ; il est tué en 923 tandis que Charles, vaincu, doit fuir. Par la suite, Charles, attiré dans un guet-apens à Château-Thierry, sera emprisonné à Péronne où il mourra ; sa femme s'exilera en Angleterre, emmenant avec elle leur fils, le futur Louis IV d'Outremer.

Robert Ier

(860 - 922 - Soissons 923)

Epouse : Béatrice de Vermandois.

Il voit ses charges et titres confirmés par Charles le Simple, qui lui accorde en plus la suzeraineté de la Bourgogne. Il combat les Normands, puis se rebelle contre le roi (920). Couronné à Reims en 922, il est attaqué près de Soissons par Charles le Simple ; il est tué tandis que le roi, battu, doit fuir.

Il n'est pas carolingien, mais robertien, second fils de Robert le Fort, dont l'aîné Eudes avait déjà régné de 888 à 898.

Raoul (ou Rodolphe)

(? - 923 - Auxerre 936)

Epouse : Emma.

Fils de Richard duc d'Aquitaine et gendre de Robert Ier (il n'est pas, lui non plus, un véritable Carolingien), il succède à son beau-père avec l'accord du fils de ce dernier, Hugues le Blanc.

Il combat les Hongrois, les Germains, les Normands et mourra sans héritier.

Louis IV d'Outremer

(918 - 936 - Reims 954)

Epouse : Gerberge de Saxe.

Après la défaite de son père Charles le Simple, sa mère Odgive l'emmène en Angleterre, chez son grand-père Edouard. De retour en France, Louis IV doit surmonter une coalition menée par Hugues le Blanc, qui convoite le trône : aussi, allié avec Othon Ier roi d'Allemagne et avec Conrad roi de Provence, il s'emparera de Reims tandis que le pape excommuniera Hugues en 948. Son autorité est alors rétablie.

Lothaire

(Reims 941 - 954 - Reims 986)

Epouse : Emma.

Il est le fils de Louis IV et de Gerberge de Saxe. Durant sa minorité, c'est l'évêque de Cologne qui dirige le royaume. La politique de Lothaire provoque l'invasion de la Lorraine par Othon II, qu'il repoussera, aidé d'Hugues Capet en 978. Othon II mort en 983, il profite du jeune âge d'Othon III (3 ans) pour tenter de déstabiliser le Saint Empire germanique.

Louis V le Fainéant

(967 - 986 - Compiègne 987)

Epouse : Adélaïde d'Anjou.

Fils de Lothaire, il est associé au trône en 978 et sera surnommé sans raison « *le Fainéant* ». Il assiégeait Reims, dont l'archevêque Adalbéron conspirait, lorsqu'il mourut des suites d'un accident de chasse en forêt de Compiègne. Sans héritier, il est remplacé sur le trône par Hugues Capet.

▾ **Hugues Capet.**
Collection particulière C. Lebédel.

Les Capétiens

Hugues Capet

(939 - 987 - 996)

Epouse : Adélaïde (Aélis) d'Aquitaine (ou de Poitou).

Fils aîné de Hugues le Grand, comte de Paris, Hugues Capet est issu de la famille des Robertiens, qui domine depuis un siècle la Francie (région comprise entre la Meuse et la Loire) et qui a déjà donné deux rois (Eudes et Robert Ier). Il dispose déjà de vastes domaines, de nombreux vassaux et d'une illustre famille lorsqu'il est couronné roi à Noyon et sacré à Reims (987). Dès son accession au trône, il associe au pouvoir son fils Robert, créant de fait un principe d'hérédité dynastique qui perdurera près de huit siècles.

CAPÉTIENS

Bivin
(? - ?)

Richard le Justicier
(? - 921)

Raoul
(? - 923 - 936) *Emma*

Robert le Fort
(825 - 866)

Eudes
(860 - 888 - 898) *Théodérade*

Robert Ier
(860 - 922 - 923) *Béatrice de Vermandois*

Hugues le Grand
(? - 936)

Hugues le Capet
(939 - 987 - 996) *Adélaïde d'Aquitaine*

Robert II *le Pieux*
(972 - 996 - 1031) *Berthe de Bourgogne, Constance de Provence*

Hugues
(1017 - 1026)

Henri Ier
(1008 - 1031 - 1061) *Anne de Kiev*

Philippe Ier
(1052 - 1060 - 1108) *Berthe de Hollande, Bertrade de Montfort*

Louis VI *le Gros*
(1084 - 1108 - 1137) *Adélaïde de Savoie*

Philippe
(? - 1131)

Louis VII *le Jeune*
(1120 - 1137 - 1180) *Aliénor d'Aquitaine, Constance de Castille, Alix de Champagne*

Philippe II Auguste
(1165 - 1180 - 1223) *Isabelle de Hainaut, Ingeburge de Danemark, Agnès de Méranie*

Louis VIII *le Lion*
(1187 - 1223 - 1226) *Blanche de Castille*

Louis IX *Saint Louis*
(1214 - 1226 - 1270) *Marguerite de Provence*

BOURBONS
(1589 - 1850)

Philippe III *le Hardi*
(1245 - 1270 - 1285) *Isabelle d'Aragon, Marie de Brabant*

VALOIS
(1293 - 1589)

Philippe IV *le Bel*
(1268 - 1285 - 1314) *Jeanne de Navarre*

Louis X *le Hutin*
(1289 - 1314 - 1316)
Marguerite de Bourgogne, Clémence de Hongrie

Philippe V *le Long*
(1292 - 1316 - 1322)
Jeanne de Bourgogne

Charles IV *le Bel*
(1294 - 1322 - 1328)
Blanche de Bourgogne, Marie de Luxembourg, Jeanne d'Evreux

Jean Ier *Posthume*
(1316 - 1316 - 1316)

Hugues Capet a régné

Hugues le Grand n'a pas régné

Note : Pour des raisons pratiques, seuls les noms des principales épouses royales sont mentionnés sur ce tableau.

Charles, duc de Basse-Lorraine et dernier prétendant carolingien, lutte pour regagner la couronne. Mais fait prisonnier, il meurt à Orléans : Hugues Capet et son fils n'auront désormais plus de rival. Cependant, Hugues Capet ne sera qu'un seigneur féodal, à peine plus puissant que ses vassaux. De nombreux actes officiels en apportent la preuve : ils ne sont pas souscrits par le roi ou le chancelier seulement, mais aussi par de grands personnages, sur lesquels s'appuie le souverain, mais qui en fait fragilisent son autorité.

Robert II le Pieux

(Orléans 972 - 996 - Melun 1031)

Epouses : Suzanne (ou Rosala) de Provence, Berthe de Bourgogne, Constance de Provence (ou d'Arles).

Fils d'Hugues Capet et d'Adélaïde, il est associé au pouvoir l'année du sacre de son père (987). Le pape Grégoire V annule son mariage avec sa parente Berthe et le concile de Rome en 998 lui ordonne la séparation : il se remarie avec Constance, fille du comte de Provence et d'Arles. Il rattache la Bourgogne à la Couronne (1002-1016) ainsi que les comtés de Dreux (1015) et de Melun (1016). Par ailleurs, il appuie les moines de Cluny dans la réforme de leur ordre et réprime sévèrement les hérésies naissantes.

Henri Ier

(1008 - 1031 - Vitry-aux-Loges 1060)

Epouses : Mathilde, Anne de Russie (ou de Kiev).

Fils de Robert II et de Constance de Provence, il est associé au pouvoir en 1027 par son père auquel il succède en 1031. Son règne est marqué par d'incessants combats contre les seigneurs rebelles, dont beaucoup manifestaient des velléités d'indépendance et menaçaient le domaine royal : le duc de Bourgogne, le comte de Blois, le duc de Normandie (futur Guillaume le Conquérant), le duc de Bretagne, le duc d'Aquitaine. A défaut de pouvoir conforter son autorité, Henri Ier, qui associe son fils Philippe Ier au trône dès 1059, ne parvient qu'à assurer la survie de la dynastie capétienne.

Philippe Ier

(1052 - 1060 - Melun 1108)

Epouses : Berthe de Hollande, Bertrade de Montfort.

Fils d'Henri Ier et d'Anne de Russie, il est couronné en 1059 à Reims, en présence de son père. En 1092, il répudie sa femme Berthe et enlève, pour l'épouser, Bertrade de Montfort, femme du comte d'Anjou, ce qui lui vaut plusieurs excommunications... Sous son règne a lieu la première croisade (1096) à laquelle il ne participera d'ailleurs pas. En revanche, il esquisse les grandes lignes de la politique capétienne : il donne des fondations solides au pouvoir royal en développant son administration et en limitant la puissance de vassaux trop ambitieux. Suivant une coutume désormais établie, il associe son fils Louis VI à la couronne en 1098 pour assurer la continuité dynastique. Il agrandit le domaine royal en s'emparant des comtés de Vermandois, du Gâtinais, du Vexin français, de la vicomté de Bourges et de la seigneurie de Dun-le-Roi.

Louis VI le Gros

(Paris 1084 - 1108 - Paris 1137)

Epouses : Lucienne de Rochefort, Adélaïde (ou Alix ou Aélix) de Savoie.

Fils de Philippe Ier et de Berthe de Hollande, il est associé au pouvoir en 1098 et sacré en 1108. Il met fin aux désordres occasionnés par les seigneurs pillards en Ile-de-France, éliminant Ebbes de Roucy (1102), Enguerrand de Coucy (1117), Thomas de Marles (1130). Il combat pendant plus de vingt ans Thibaud IV de Champagne, redoutable conspirateur et s'attaque à Henri Ier Beauclerc, duc de Normandie et roi d'Angleterre. Avec Suger, abbé de Saint-Denis, pour ministre, il affirme la souveraineté du roi et met en valeur le domaine royal en soutenant les communautés rurales et les communes urbaines. Il marie son fils aîné Louis avec Aliénor, fille unique et héritière d'Aquitaine : son domaine s'étend ainsi de l'Oise jusqu'aux Pyrénées, scellant l'alliance du Nord et du Sud qui sera compromise par le remariage d'Aliénor avec Henri II Plantagenêt en 1137.

Louis VII le Jeune

(Paris 1120 - 1137 - Paris 1180)

Epouses : Aliénor d'Aquitaine, Constance de Castille, Alix (ou Adèle) de Champagne.

Fils de Louis VI et d'Adélaïde de Savoie, il conserve les ministres de son père (dont Suger, abbé de Saint-Denis), achève de soumettre les féodaux d'Ile-de-France et poursuit la mise en valeur du domaine royal : il soutient le mouvement communal et l'élection d'évêques dévoués à sa cause, accorde des privilèges aux communautés rurales, encourage les défrichements et l'émancipation des serfs. Deux événements importants marquent son règne : son départ pour la deuxième croisade (1147-1149) et son divorce d'avec Aliénor d'Aquitaine en 1152. Celle-ci épousera alors le comte d'Anjou Henri II qui, devenu roi d'Angleterre, possédera en France une dangereuse enclave (la Normandie, l'Auvergne, l'Aquitaine et la Guyenne).

Philippe II Auguste

(Gonesse 1165 - 1180 - Mantes 1223)

Epouses : Isabelle de Hainaut, Ingeburge de Danemark, Agnès de Méranie.

Fils de Louis VII et d'Alix de Champagne, il est à son couronnement le maître d'un domaine prospère mais limité, comprenant l'Ile-de-France, l'Orléanais et une partie du Berry. Le reste du royaume est morcelé en une dizaine de fiefs, sur lesquels le roi a peu d'autorité, tandis que ceux de l'Ouest et d'Aquitaine, domaine du roi d'Angleterre Henri II Plantagenêt, lui échappent complètement. La plus grande partie de son règne sera donc marquée par une lutte contre la Maison d'Angleterre. Il contraint ainsi Henri II à la capitulation d'Azay-le-Rideau en 1189, brise à Bouvines (1214) une terrible coalition réunissant les comtes de Boulogne, de Flandres, de Hollande, les ducs de Lorraine, de Brabant, de Limbourg et l'empereur germanique.

Ayant étendu le domaine royal, Philippe Auguste se dote de méthodes de gouvernement nouvelles pour conforter son pouvoir. Délaissant les grands féodaux après les avoir maîtrisés, il nomme des hommes d'extraction plus modeste mais plus compétents, officiers chargés de le représenter dans ses fonctions. Il confie la gestion du Trésor royal aux Templiers, veille à une collecte soigneuse des revenus domaniaux. Ses revenus lui permettent d'élever de puissants châteaux (le Louvre « médiéval », Dourdan, Issoudun, Gisors...). Ayant installé la cour à Paris, où sont conservées les archives royales depuis 1194, il dote la ville d'une nouvelle enceinte, de Notre-Dame et de l'Université, fait paver les rues et encourage le commerce. Si ses relations avec le pape sont déplorables, celles avec les évêques sont au contraire excellentes et il n'intervient guère dans les élections épiscopales. Son règne assoit de façon définitive l'autorité royale.

Saint Louis. ▸
Palais de Justice, Paris.
Photo Hervé Champollion.

Louis VIII le Lion

(Paris 1187 - 1223 - Montpensier en Auvergne 1226)

Epouse : Blanche de Castille.

Fils de Philippe Auguste et d'Isabelle de Hainaut, il devient roi en 1223, sans avoir été au préalable associé au pouvoir, comme il était de règle depuis l'avènement des Capétiens, signe que l'autorité royale était solidement assurée.

Pendant son règne, il prend part en 1226 à la croisade contre les albigeois (1209 à 1229), prêchée par le pape Innocent III contre les hérétiques cathares et vaudois en Languedoc, et contre les villes et les seigneurs qui les soutenaient, préparant ainsi l'annexion du Toulousain. Ce rattachement de la France nordique à la France méridionale deviendra effectif avec le traité de Meaux-Paris (1229) sous la régence de Blanche de Castille, entre Saint Louis et le comte de Toulouse Raymond VII.

Louis IX ou Saint Louis

(Poissy 1214 - 1226 - Tunis 1270)

Epouse : Marguerite de Provence.

Fils de Louis VIII et de Blanche de Castille (régente de 1226 à 1236), ce souverain, l'une des plus hautes figures de notre histoire, joue dans la monarchie française un rôle capital. Sa politique est le reflet de sa morale : il est le modèle du chevalier chrétien, alliant une foi parfois excessive avec un grand souci de justice, un grand sens de la diplomatie et une énergie exceptionnelle. Sa sagesse et sa fermeté lui valent le respect des grands de toute l'Europe.

Il rationalise les structures administratives de son gouvernement, crée le Parlement,

▲ **Saint Louis.**
Palais de Justice, Paris. Photo Hervé Champollion.

surveille baillis, sénéchaux et prévôts de manière à ce que les droits de chacun soient respectés, y compris par les officiers royaux. Il fonde plusieurs hôpitaux, dont les « Quinze-Vingts » pour trois cents chevaliers auxquels les Sarrasins avaient crevé les yeux, fait élever la Sainte-Chapelle à Paris…

Il achève la conquête du Languedoc entreprise par son père Louis VIII, avec le traité de Lorris (1243), affronte avec succès une coalition dirigée par Hugues de Lusignan et par Raymond VII de Toulouse, soutenus par Henri III d'Angleterre. Lors de la septième croisade (1248 à 1254), il prendra Damiette, mais subira la défaite de Mansourah en février 1250. Malgré les conseils du pape, les réticences seigneuriales, et sa santé médiocre, il s'embarque à Aigues-Mortes pour la huitième croisade et meurt de la peste durant le siège de Tunis (25 août 1270). Il sera canonisé dès 1297 par le pape Boniface VIII.

Philippe III le Hardi

(Poissy 1245 - 1270 - Perpignan 1285)

Epouses : Isabelle d'Aragon, Marie de Brabant.

Fils de Louis IX et de Marguerite de Provence, il est proclamé roi sous les murs de Tunis. A la mort d'Alphonse de Poitiers, frère de Saint Louis, il hérite du Poitou, de l'Auvergne, de la Saintonge, du Toulousain et de l'Albigeois. Soutenant Charles d'Anjou roi de Sicile, contre Pierre III d'Aragon, il entreprend la « *croisade d'Aragon* », au cours de laquelle il perd sa flotte à Las Hormigas en 1285. Il meurt à Perpignan, victime d'une épidémie.

Philippe IV le Bel

(Fontainebleau 1268 - 1285 - Fontainebleau 1314)

Epouse : Jeanne de Navarre.

Fils de Philippe III et d'Isabelle d'Aragon, il montre une extrême clairvoyance dans le domaine de la politique extérieure en mettant fin à la guerre d'Aragon entreprise par son père (traité d'Agnani en 1295).

Doué de grands talents d'administrateur, il poursuit la modernisation des institutions entreprise par ses prédécesseurs : l'importance de la Chancellerie est renforcée, les fonctions du Parlement sont précisées, l'administration financière est réformée, la gestion du Trésor, jusqu'alors confiée aux Templiers, est désormais assurée par des agents royaux.

Cependant, pour juguler de graves difficultés économiques, il fait usage d'expédients hasardeux. Ainsi, il recourt à des altérations de la valeur du cours de la monnaie, mais ces mesures frappent lourdement le petit peuple et provoquent en 1306 de graves émeutes à Paris. Il ordonne des persécutions contre les Lombards et les Juifs, qui jouaient pourtant un rôle important dans les finances royales et le commerce, confisque leurs biens, procède à des expulsions ou des arrestations. Il tente d'établir, en vain, une imposition directe et régulière, sur le capital, les revenus ou par « feu » (familles). Les impôts qu'il lève sur les biens de l'Église entraîneront deux conflits graves : « *l'attentat d'Agnani* », en 1303, contre Boniface VIII, suivi de l'élection de Clément V, pape français installé en Avignon et l'arrestation des Templiers en 1307 (confiscation des richesses de l'Ordre et supplice du grand maître du Temple, Jacques Molay, en 1314).

Louis X le Hutin

(Paris 1289 - 1314 - Vincennes 1316)

Epouses : Marguerite de Bourgogne,
Clémence de Hongrie.

Fils aîné de Philippe le Bel et de Jeanne de Navarre, il épouse en 1305 Marguerite de Bourgogne, qui, condamnée pour adultère, est emprisonnée à Château-Gaillard où elle mourra étranglée. Il se remarie alors avec Clémence de Hongrie.

Son règne est marqué par une situation économique difficile qui favorise une forte réaction féodale. Une grave famine (1315-1317) dans le nord du royaume accélère la hausse des prix, entraînant un mécontentement général tandis que la petite noblesse, ruinée, supporte mal que les officiers royaux empiètent sur ses droits, amenuisant ses pouvoirs et ses ressources. Les Grands, menés par Charles de Valois, oncle de Louis X, hostiles aux modes de gouvernement instaurés par Philippe le Bel, veulent diriger à nouveau les affaires du pays.

La fin du règne de Louis X s'achève par un grave problème de succession. En effet, le roi avait eu de son premier mariage une fille, Jeanne, mais aucun héritier mâle. De son second mariage devait naître Jean Ier, dit Posthume, qui ne vivra que quelques jours. Le problème de la succession se pose donc.

Jean Ier Posthume

(Paris 1316 - 1316 - Paris 1316)

Fils de Louis X et de Clémence de Hongrie, il est né le 15 novembre 1316, cinq mois après la mort de son père et décède le 19 novembre, âgé de 5 jours. Son oncle, Philippe, comte de Poitou, exerçant la régence avant sa naissance, est fortement soupçonné d'avoir provoqué la mort de l'enfant pour régner à sa place. Il lui succédera d'ailleurs sous le nom de Philippe V en janvier 1317.

▼ **De gauche à droite, Philippe III, Philippe IV et Louis X. Gisants.**
Abbatiale de Saint-Denis.
Photos Hervé Champollion.

▲ **De gauche à droite, Philippe V et Charles IV. Gisants.**
Abbatiale de Saint-Denis.
Photos Hervé Champollion.

Philippe V le Long

(Paris 1293 - 1316 - Longchamp 1322)
Epouse : Jeanne de Bourgogne.
Deuxième fils de Philippe IV le Bel et de Jeanne de Navarre, frère de Louis X, il assure la régence avant la naissance de son neveu Jean Ier qui ne vivra que cinq jours. Il monte sur le trône à la mort de celui-ci, écartant de la succession sa nièce Jeanne, pourtant plus âgée que lui… Remarquable administrateur, doté d'un grand sens du pouvoir, il reprend la politique de Philippe le Bel, tente d'imposer une monnaie commune dans l'ensemble du royaume malgré l'opposition des seigneurs méridionaux. Il centralise les institutions pour plus d'efficacité, réorganisant l'Hôtel du Roi, le Parlement, la Chambre des Comptes…
La crise économique à laquelle avait dû faire face Louis X se résorbe difficilement et le pays connaît la misère, la famine, les révoltes, comme celle des « *pastoureaux* » (paysans qui avaient entrepris une croisade vers la Terre sainte), les répressions violentes à l'encontre des Juifs et des lépreux, habituels boucs émissaires en pareilles circonstances.

Charles IV le Bel

(Clermont 1294 - 1322 - Vincennes 1328)
Epouses : Blanche de Bourgogne,
Marie de Luxembourg, Jeanne d'Evreux.
Troisième fils de Philippe IV le Bel et de Jeanne de Navarre, il succède à son frère Philippe V le Long, mort sans héritier mâle, en vertu de la décision de 1316 qui avait entériné définitivement le principe de l'exclusion des femmes de la couronne de France.
Pendant son règne, il maintiendra la domination royale sur les nobles, poursuivra le renforcement des administrations, surveillera les officiers de la Chambre des Comptes, du Parlement, des Requêtes, de la Chancellerie et réformera leurs offices. Comme ses prédécesseurs, il devra faire face à d'incessants problèmes financiers et recourir à des expédients de toutes sortes : impôts sur les marchandises, confiscation des biens des banquiers italiens, dîmes supposées financer des croisades…
Il meurt sans descendance mâle et sera le dernier roi de la dynastie des Capétiens directs sur le trône.

Les Valois

Philippe VI

(1293 - 1328 Nogent-le-Roi 1350)

Epouses : Jeanne de Bourbon (ou de Bourgogne), Blanche de Navarre.

Fils de Charles de Valois et de Marguerite de Sicile, il voit son règne débuter par la guerre de Cent Ans tandis qu'une grave crise économique et la Grande Peste frappent le pays. Face aux difficultés financières, il réunit les états généraux (1346-1347) et institue un nouvel impôt sur le sel (*gabelle*)... Malgré des circonstances difficiles, le domaine royal s'agrandit de la Champagne et de la Brie, de Montpellier et du Dauphiné.

▼ **Philippe VI de Valois.**
Châteaux de Versailles et Trianon. Photo RMN - Gérard Blot.

VALOIS

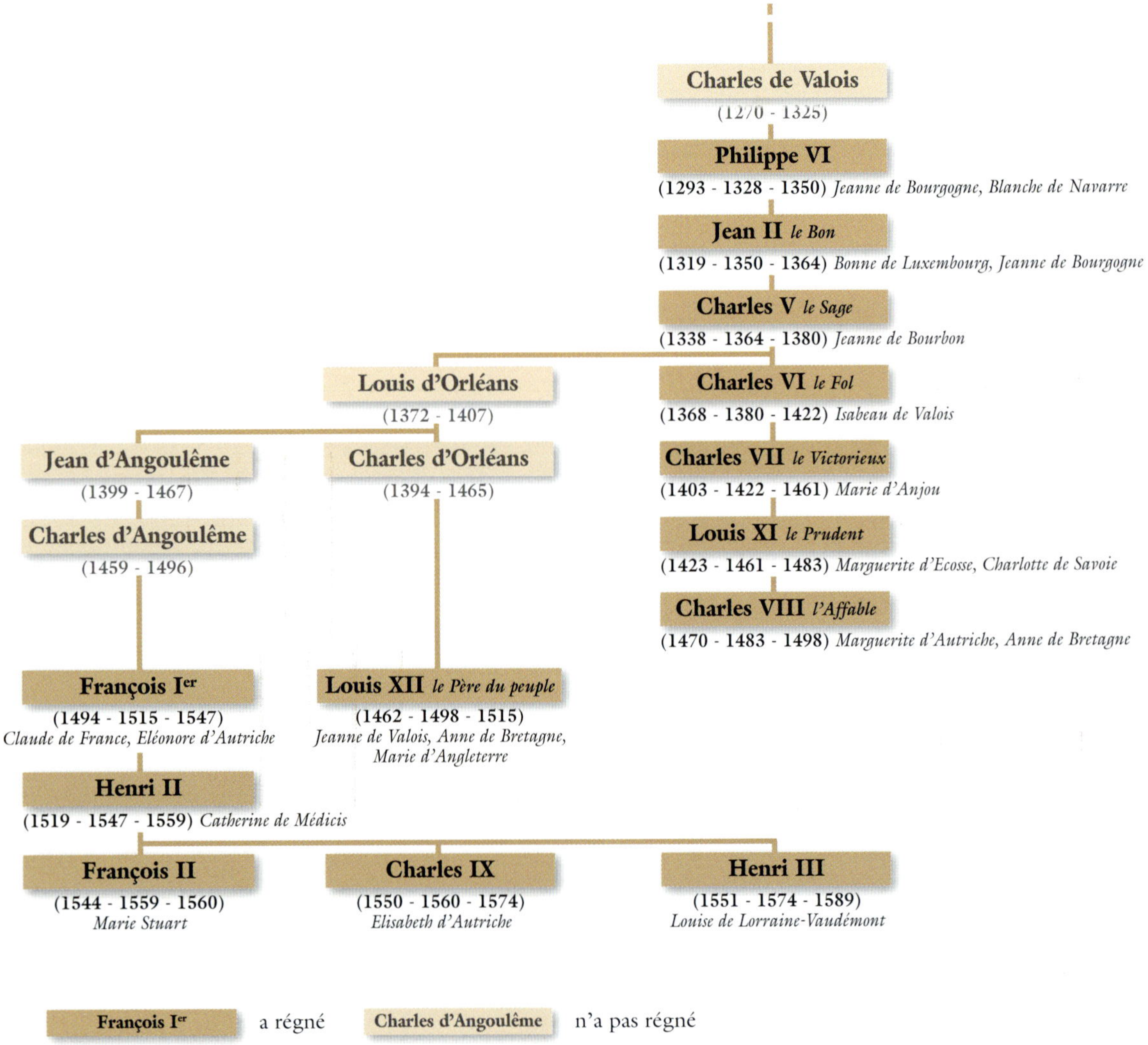

Jean II le Bon

(Château du Gué de Maulny près du Mans 1319 - 1350 - Londres 1364)

Epouses : Bonne de Luxembourg (ou d'Auvergne), Jeanne de Boulogne (ou d'Auvergne).

Fils aîné de Philippe VI et de Jeanne de Bourgogne, ses prodigalités royales lui attirent les reproches des états provinciaux qui lui refuseront les ressources nécessaires au gouvernement… Il se montre hésitant ou maladroit dans ses choix politiques, se brouille avec les lignages les plus influents du royaume en faisant sommairement exécuter le connétable Raoul de Brienne (1350), excite l'animosité de son cousin Charles le Mauvais, roi de Navarre, humilie son propre fils Charles duc de Normandie en faisant arrêter Charles le Mauvais, ce dernier étant alors l'hôte du premier à Rouen…

Fait prisonnier par les Anglais à Poitiers en 1356 à la suite d'un conflit l'opposant à Philippe de Navarre (frère de Charles le Mauvais), il signe à Londres (1359) un traité le libérant au prix de lourds sacrifices que lui refuseront les états de Paris. Sa libération est donc renégociée au traité de Brétigny (1360) : il pourra rentrer en France en laissant son fils le duc Louis d'Anjou en otage. Mais ce dernier s'enfuira, manquant à sa parole, et le roi devra retourner à Londres où il décédera.

▲ **Charles V**
Galerie des Illustres - Château de Beauregard.
Photo Hervé Champollion.

Charles V le Sage

(Vincennes 1338 - 1364 - Nogent-sur-Marne 1380)
Epouse : Jeanne de Bourbon.
Il est le fils aîné de Jean II le Bon et de Bonne de Luxembourg. Après la défaite de Poitiers en 1356, son père retenu prisonnier par les Anglais, il assure la régence, affrontant une situation politique, économique et sociale déplorable durant laquelle il doit faire face aux prétentions politiques des états généraux, à la rébellion parisienne menée par le prévôt des marchands Etienne Marcel, à une jacquerie des paysans d'Ile-de-France contre les propriétaires et les créanciers, à l'hostilité permanente du roi de Navarre.
Il obtient la libération de son père au traité de Brétigny en 1360. Le répit procuré par ce traité et l'assainissement des finances permettent au roi de se doter d'une artillerie et d'une marine, de réorganiser son armée et de restaurer les enceintes urbaines et les forteresses du royaume. A la tête de son armée, il place des capitaines de petite noblesse, comme le Breton Bertrand Duguesclin avec qui il impose la paix à Charles le Mauvais. Il pacifie le pays, éliminant les Grandes Compagnies, bandes de brigands que constituaient les troupes engagées pour les campagnes et obligées en temps de paix à vivre de rapines et de pillages. A à sa mort, seules restaient aux Anglais les villes de Calais, Cherbourg, Brest, Bordeaux et Bayonne.
Se défiant des princes et des grands féodaux, il s'entoure surtout de bourgeois, de petits seigneurs provinciaux, d'hommes de robe dont les compétences et la sagesse redonnent une grande partie de son prestige à la couronne.

Charles VI le Fol ou le Bien-Aimé

(Paris 1368 - 1380 - Paris 1422)
Epouse : Isabeau de Bavière.
Fils aîné de Charles V et de Jeanne de Bourbon, il ne peut réellement gouverner puisque ses oncles, les ducs de Bourgogne, de Berry, de Bourbon et d'Anjou détiennent le pouvoir jusqu'en 1388 et en tirent un maximum de profit. Majeur en 1388, il éloigne ces derniers et rappelle au gouvernement les anciens conseillers de son père, les « *Marmousets* ». Mais victime d'une première crise de folie en 1392, Charles

▼ **Charles VI. Gisant.**
Abbatiale de Saint-Denis.
Photo Hervé Champollion.

permet aux ducs de Bourgogne et de Berry et à son frère le duc d'Orléans de se disputer à nouveau le pouvoir. En 1407, le duc de Bourgogne Jean sans Peur, ayant commandé l'assassinat du duc d'Orléans qui s'était emparé de la régence, déclenche une guerre civile opposant Armagnacs et Bourguignons, ce dont Henri V d'Angleterre profitera pour infliger à la France la défaite d'Azincourt (1415). Jean sans Peur ayant été assassiné lors d'une tentative de rapprochement avec les Armagnacs, le nouveau duc de Bourgogne, Philippe le Bon, signe avec l'Angleterre le traité de Troyes (1420), livrant la France aux Anglais (Henri V d'Angleterre devait devenir roi de France à la mort de Charles VI dont il aurait épousé la fille). Charles VI le Fol mourra relégué à l'Hôtel Saint-Pol, en 1422.

Charles VII le Victorieux

(Paris 1403 - 1422 - Mehun-sur-Yèvre 1461)
Epouse : Marie d'Anjou.
Fils de Charles VI et d'Isabeau de Bavière, il est reconnu roi de France par les Armagnacs seulement, Henri VI d'Angleterre ayant été proclamé roi de France à la mort de son père Henri V en 1422. Réfugié en Touraine (à Loches et à Chinon) et en Berry, le « *petit roi de Bourges* » voit la plus grande partie de son royaume dominée par les Anglais. Jeanne d'Arc délivre Orléans et fait sacrer le roi à Reims (1429) : le peuple y voit un jugement de Dieu reconnaissant la légitimité de Charles VII, tandis que naît dans le royaume l'idée de nation. Une reconquête méthodique est alors entreprise pour libérer le pays des garnisons anglaises.
Charles VII rétablit durablement les institutions financières avec le concours de son grand argentier Jacques Cœur. Il réussit à imposer à ses sujets un impôt permanent qui lui permettra de moderniser et d'entretenir une armée en temps de paix comme en temps de guerre. Malgré tout, Charles VII, même s'il réprime la rébellion féodale dite *Praguerie* (1440), restera un roi influençable, souvent dominé par ses favoris Richemont, La Trémoille et Brézé ainsi que par sa maîtresse, Agnès Sorel... Ayant gardé de sa jeunesse à Paris de pénibles souvenirs, il confie la tutelle de la capitale à des officiers royaux, et continue de préférer ses châteaux de Touraine et du Berry.

◄ **Charles VII.**
Galerie des Illustres - Château de Beauregard.
Photo Hervé Champollion.

Louis XI

(Bourges 1423 - 1461 - Plessis-lez-Tours 1483)
Epouses : Marguerite d'Ecosse, Charlotte de Savoie.
Fils de Charles VII et de Marie d'Anjou, il prend part à la *Praguerie* contre son père, dont il regagnera cependant la confiance. Il reprend Dieppe aux Anglais (1443), s'empare du comté d'Armagnac (1444), mais attire à nouveau la méfiance de son père pour son hostilité à l'égard d'Agnès Sorel et pour ses intrigues. Monté sur le trône en 1461, il congédie les conseillers de son père et tente de briser la puissance de la noblesse. Il profite de la mort de Charles le Téméraire (1477) pour rattacher la Bourgogne et la Picardie à la couronne.
Souverain réputé cruel, superstitieux, machiavélique, il est redouté pour sa sévérité excessive (emprisonnement du cardinal La Ballue, exécutions du comte d'Armagnac et du connétable de Saint-Paul). Conscient que la puissance d'un Etat passe par sa prospérité économique, il assainit les finances, développe l'industrie et le commerce, introduit de nouvelles activités économiques en France (comme la soie à Lyon et à Tours), développe

▼ **Louis XI.**
Collection particulière
C. Lebédel.

▲ **Charles VIII.**
Galerie des Illustres - Château de Beauregard.
Photo Hervé Champollion.

les foires (Lyon), perfectionne le système de la poste, rétablit l'ordre dans le royaume et ramène la sécurité sur les routes, favorise la spécialisation agricole des régions (chanvre dans l'Ouest, pastel en Languedoc, lin dans le Nord...).

Charles VIII l'Affable

(Amboise 1470 - 1483 - Amboise 1498)
Epouse : Marguerite d'Autriche, Anne de Bretagne.
Fils de Louis XI et de Charlotte de Savoie, il accède au trône à la mort de son père. Sa sœur Anne de Beaujeu, à qui Louis XI avait confié la régence, gardera une grande influence sur lui. Il épouse en 1491 l'héritière de Bretagne, réunissant cette province à la couronne.
Son règne est essentiellement marqué par la campagne d'Italie de 1494, menée en raison d'hypothétiques droits sur la couronne de Naples. Cette première expédition est d'abord une longue série de victoires : les Français apparaissent dans un premier temps comme des libérateurs, débarrassant Rome, Florence, Naples de véritables tyrannies, puis, rapidement, sont ressentis comme des occupants en pays conquis, dont les Italiens souhaiteront se débarrasser au plus vite. Après la bataille de Fornoue (1495), Charles VIII doit regagner la France et perdra ses dernières places italiennes l'année suivante. Mais les Français découvriront en Italie une civilisation raffinée et brillante. Ils ramèneront de remarquables collections dérobées à Rome et à Florence, qui feront connaître en France l'Antiquité et la Renaissance Italienne. Charles VIII envisageait une nouvelle expédition au-delà des Alpes lorsqu'il décède après avoir heurté le linteau d'une porte basse au château d'Amboise (1498).

Louis XII le Père du Peuple

(Blois 1462 - 1498 - Paris 1515)
Epouses : Jeanne de Valois, Anne de Bretagne,
Marie d'Angleterre (ou Tudor).
Fils de Marie de Clèves et de Charles d'Orléans, il est le cousin de Charles VIII, qui, mort après tous ses enfants, lui laisse le trône. Il est austèrement élevé par Louis XI dont il épouse la fille maladive Jeanne. Il obtient du pape Alexandre VI Borgia l'annulation de ce premier mariage pour épouser Anne de Bretagne, ce qui lui permet de conserver dans le domaine royal le duché acquis par Charles VIII.
Ayant participé avec Charles VIII à la première expédition transalpine, il déclenche la seconde campagne d'Italie (1498-1515) et réussit à conquérir le Milanais dont il emprisonne le duc, Ludovic Sforza le More (il mourra à Loches en 1508), et devient maître de la plus grande partie de l'Italie en 1500. Mais il est chassé de Naples par Ferdinand d'Aragon

▲ **Louis XII.**
Galerie des Illustres - Château de Beauregard.
Photo Hervé Champollion.

François Ier. ►
Photo Hervé Champollion.

dès 1506, perd le Milanais en 1512, subit la défaite de Novare en 1513.
Surnommé « *le père du peuple* » par les états généraux de 1506, il jouit effectivement d'une grande popularité, qu'il doit essentiellement à l'instauration d'une économie saine, au retour d'une certaine prospérité, au développement des échanges commerciaux. Dans le domaine des Arts, les Français, enrichis de la forte influence italienne, voient la Renaissance éclore dans leur pays.

François Ier

(Cognac 1494 - 1515 - Rambouillet 1547)
Epouses : Claude de France, Eléonore d'Autriche.
Fils de Charles d'Angoulême et de Louise de Savoie, il succède à son cousin et beau-père Louis XII, mort sans héritier mâle. Dès son avènement, il reprend le rêve de ses prédécesseurs : la conquête du Milanais et du royaume de Naples. Il vaincra les piquiers suisses à Marignan (1515). Elu empereur germanique en 1519, Charles Quint menace la France : malgré l'alliance recherchée avec l'Angleterre (*Camp du Drap d'or*, en 1520), François Ier signe, après la défaite de Pavie (1525), le *traité de Madrid*. Pour effacer cette défaite, François, « *roi très-chrétien* », s'allie avec le redoutable Turc Soliman le Magnifique et oblige Charles Quint à accepter le *traité de Cambrai*. Pendant son règne qui marque fortement le XVIe siècle, il renforce l'absolutisme : c'est à lui que l'on doit la formule « Car tel est notre bon plaisir ». Protecteur des arts, il favorise le développement de la Renaissance et protège artistes, musiciens, poètes, musiciens, humanistes (Budé, Marot, Ronsard, Léonard de Vinci, le Primatice, Benvenutto Cellini...). C'est lui qui fonde le Collège de France et fait construire Chambord et Fontainebleau.

Henri II

(Saint-Germain-en-Laye 1519 - 1547 - Paris 1559)
Epouse : Catherine de Médicis.
Second fils de François Ier et de Claude de France, il accède, à la mort de son frère, le dauphin François

▲ **De gauche à droite, Henri II, Charles IX et Henri III.**
Galerie des Illustres - Château de Beauregard.
Photos Hervé Champollion.

(1536), à la tête du plus puissant et du plus riche royaume d'Europe. A sa cour, fortement italianisée et excessivement raffinée, sévissent les rivalités : entre son épouse Catherine de Médicis et sa maîtresse Diane de Poitiers, entre Montmorency et Guise… Sous son règne débuteront les terribles guerres de Religion.
Il ne jouira pas du prestige de son père, dont il reprend pourtant les grandes orientations politiques, ainsi que la lutte contre Charles Quint, qu'il conduit à l'abdication en 1556. Il mourra des suites d'un tournoi contre Montgomery, capitaine de sa garde, lors du mariage de sa fille Elisabeth avec Philippe II d'Espagne.

François II

(Paris 1544 - 1559 - Orléans 1560)
Epouse : Marie Stuart.
Fils aîné d'Henri II et de Catherine de Médicis, il remet tout pouvoir au duc de Guise et au cardinal de Lorraine, qui persécutent les Protestants et réprimeront la conspiration d'Amboise. Maladif, il meurt sans enfant, abandonnant le pays dans une guerre civile opposant Guise et Bourbon.

Charles IX

(Saint-Germain-en-Laye 1550 - 1560 - Vincennes 1574)
Epouse : Elisabeth d'Autriche.
Second fils d'Henri II et de Catherine de Médicis qui le domine, son règne est marqué par les guerres de Religion, opposant Catholiques et Protestants. Catherine de Médicis et Michel de L'Hospital chercheront en vain une réconciliation religieuse (colloque de Poissy en 1561 et édit de Janvier en 1562), accordant la liberté de culte aux Protestants… Des réactions violentes s'ensuivront, conduisant au massacre de la Saint-Barthélemy (24 août 1572), au cours duquel Catherine de Médicis fait assassiner le chef des Protestants, l'amiral Coligny.

Henri III

(Fontainebleau 1551 - 1574 - Saint-Cloud 1589)
Epouse : Louise de Lorraine-Vaudémont.
Troisième fils d'Henri II, il succède à son frère Charles IX. Lieutenant général en 1567, il remporte sur les Protestants les batailles de Jarnac et de Moncontour, en 1569 et, chef du parti catholique, il conduit le siège de La Rochelle, place huguenote. En 1573, il est appelé sur le trône de Pologne, soutenu par l'évêque de Valence. Il est couronné en 1574 au château du Wawel à Cracovie. Il revient en France à la mort de son frère Charles IX en 1574, mais il sera vite déconsidéré pour ses extravagances. Sous son règne se poursuivent les guerres de religion, opposant Protestants (soutenus par l'Angleterre et le Danemark) et Catholiques (soutenus par l'Espagne). Le conflit est aggravé d'un enjeu politique et dynastique, la couronne devant revenir, à la mort d'Henri III, à Henri de Navarre, chef des Huguenots… Menacé par la Ligue et les Guise, Henri III fait assassiner le duc de Guise à Blois (1588). Il reconnaîtra cependant Henri de Navarre comme successeur et mourra poignardé (2 août 1589) par le dominicain Jacques Clément.

BOURBONS

Robert de Clermont
(1256 - 1317)

Louis Ier de Bourbon
(1279 - 1341)

Jacques Ier de la Marche
(1315 - 1362)

Jean Ier de la Marche
(1337 - 1393)

Louis II de Vendôme
(1376 - 1446)

Jean II de Vendôme
(1429 - 1495)

François Ier de Vendôme
(1470 - 1495)

Charles de Vendôme
(1489 - 1537)

Antoine de Bourbon
(1518 - 1562)

Henri IV *le Grand ou le Vert-Galant*
(1553 - 1589 - 1610) *Marguerite de Valois, Marie de Médicis*

Louis XIII *le Juste*
(1601 - 1610 - 1643) *Anne d'Autriche*

Louis XIV *le Grand*
(1638 - 1643 - 1715) *Marie-Thérèse d'Autriche*

Louis de France *Grand Dauphin*
(1661 - 1711)

Louis de France *Dauphin*
(1682 - 1712)

Louis XV *le Bien-Aimé*
(1710 - 1715 - 1774) *Marie Lesczynska*

Louis de France *Dauphin*
(1729 - 1765)

Louis XVI
(1754 - 1774 - 1792 - 1793)
Marie-Antoinette d'Autriche

Louis XVIII *le Désiré*
(1755 - 1814 - 1824) *Louise de Savoie*

Charles X
(1757 - 1824 - 1836)
Marie-Thérèse de Sardaigne

Philippe d'Orléans
(1640 - 1701)

Philippe II d'Orléans *Le Régent*
(1674 - 1723)

Louis d'Orléans
(1703 - 1752)

Louis-Philippe d'Orléans
(1725 - 1785)

Louis-Philippe-Joseph *« Philippe-Egalité »*
(1747 - 1793)

Louis-Philippe
(1773 - 1830 - 1850)
Marie-Amélie de Bourbon-Siciles

▲ **Henri IV.**
Collection particulière
C. Lebédel.

Louis-Philippe a régné

Philippe d'Orléans n'a pas régné

Les Bourbons

Henri IV le Vert-Galant

(Pau 1553 - 1589 - Paris 1610)

Epouses : Marguerite de Valois, Marie de Médicis.

Fils d'Antoine de Bourbon et de Jeanne d'Albret, il était, à la mort d'Henri III, le plus proche héritier descendant d'Hugues Capet. Mais la Ligue refuse de le reconnaître et il doit reconquérir le pouvoir. Sa conversion au catholicisme à Saint-Denis (1593), suivie de son sacre à Chartres (1594), lui ouvrira Paris (1594) : on se rappelle la fameuse phrase : « *Paris vaut bien une messe* ». Cette reconquête se poursuivra par la prise d'Amiens (1596) et l'édit de Nantes en 1598 marquera la fin des guerres civiles, tandis que la paix de Vervins mettra un terme aux guerres étrangères.

Pour reconstituer l'intégrité du domaine royal plus ou moins malmenée au cours des règnes précédents, Henri IV devra mater les féodaux, assainir les finances et relancer l'activité économique. Pour cela, il s'appuie sur son ministre Sully, dont la mission première est de trouver de l'argent (création de la « *paulette* » en 1607). Il encourage l'agriculture (assèchement des marais du Bas-Médoc et de la partie aval des marais poitevins) et favorise les essais d'industries nouvelles (draperies de Reims et de Senlis, dentelles de Senlis, soieries de Dourdan, tapisseries des Gobelins) dans le but de diminuer les importations et d'accroître les exportations. Il relance par ailleurs l'activité du bâtiment, en faisant construire la place Royale et la place Dauphine, le Pont-Neuf et des lotissements sur les bords de Seine. La construction d'une multitude de châteaux dans le style caractéristique « brique et pierre » sur l'ensemble du royaume témoigne bien d'une certaine prospérité retrouvée et de l'enrichissement des classes moyennes. Il meurt assassiné par Ravaillac mais restera dans l'histoire de France l'exemple du souverain idéal.

Louis XIII le Juste

(Fontainebleau 1601 - 1610 - Saint-Germain 1643)

Epouse : Anne d'Autriche.

Fils d'Henri IV et de Marie de Médicis qui assure avec Concini la régence jusqu'en 1617, il est d'abord exclu du pouvoir. Puis, sous l'influence de Luynes qu'il laisse gouverner, il fait assassiner Concini

▲ **Louis XIII.**
Galerie des Illustres - Château de Beauregard.
Photo Hervé Champollion.

(1617). Richelieu deviendra son Premier ministre de 1624 à sa mort en 1642, et il le remplacera par Mazarin, que le Cardinal lui avait recommandé. Ils rétabliront l'autorité royale, substituant aux offices une administration dépendante du pouvoir, et développeront commerce et industrie... Les principaux événements de son règne sont le siège de La Rochelle (place forte protestante) en 1628, la Paix d'Alès (1629) accordant aux Protestants la liberté de conscience, la Conspiration de Cinq-Mars (1642) et la conquête du Roussillon.

Louis XIV le Grand

(Saint-Germain 1638 - 1643 - Versailles 1715)

Epouses : Marie-Thérèse d'Autriche,
Françoise d'Aubigné (Madame de Maintenon).

Fils de Louis XIII et d'Anne d'Autriche, sa jeunesse est marquée par la Fronde (1648-1652) qui lui inspirera une extrême prudence envers les Parlements et fera naître son désir d'établir l'absolutisme monarchique... Pourtant, c'est Mazarin qui gouverne le royaume jusqu'en 1661, avec l'accord du roi, majeur en 1651. En 1661 commence le règne personnel de Louis XIV qui, entouré de conseillers remarquables (Colbert, Louvois, Vauban, Turenne...), exerce le pouvoir d'un monarque absolu.

▲ **Louis XIV.**
Photo Hervé Champollion.

Quatre grandes guerres marquent son règne : la guerre de Dévolution, achevée par la Paix d'Aix-la-Chapelle (1668); la guerre de Hollande (1672 - 1678) en réaction contre la Triple Alliance (Angleterre, Hollande, Suède), achevée par la Paix de Nimègues en 1678; la guerre de la Ligue d'Augsbourg, résultant principalement de la révocation de l'édit de Nantes; la guerre de la Succession d'Espagne, aboutissant au traité d'Utrecht (1713). Malgré les querelles religieuses qui ont fortement marqué son règne, Louis XIV, protecteur des arts, de la littérature et des sciences, favorise l'industrie naissante et le commerce; il fait construire Versailles, symbole et illustration du « Grand Siècle » à travers toute l'Europe et microcosme où il « domestique » sa Cour.

LOUIS XV le Bien-aimé

(Versailles 1710 - 1715 - Versailles 1774)
Epouse : Marie Leczynska.
Fils de Louis de Bourgogne et de Marie-Adélaïde de Savoie, il succède à son arrière-grand-père Louis XIV.

◄ **Louis XV.**
Photo Hervé Champollion.

On reconnaît six grandes périodes pour son règne :
- de 1715 à 1726, régence, assurée par le duc d'Orléans puis, malgré la majorité du roi, par le duc de Bourbon (désastreuse expérience financière de Law, rupture avec l'Espagne dont l'infante, fiancée au roi, avait été renvoyée).
- de 1726 à 1743 : le cardinal Fleury gère le royaume (le budget est équilibré pour la première fois depuis 1642), le roi soutient son beau-père Stanislas Leczynsky (guerre de Succession de Pologne).
- de 1740 à 1748 : guerre de Succession d'Autriche.
- de 1748 à 1763 : guerre de Sept Ans (1756 à 1763) aboutissant à la perte du Canada et des Indes.
- de 1763 à 1770 : Choiseul tente de relever le royaume, la France achète la Corse convoitée par les Anglais pour le contrôle du littoral.
- de 1770 à 1774 : Louis XV est dominé par ses maîtresses (la marquise de Pompadour, la duchesse du Barry...), Choiseul est disgracié, le Trésor gaspillé, la Royauté déconsidérée.

Louis XVI

(Versailles 1754 - 1774 - Paris 1793)
Epouse : Marie-Antoinette d'Autriche.
Fils du dauphin Louis et de Marie-Josèphe de Saxe, petit-fils de Louis XV, il ne peut imposer les réformes qu'il souhaitait et ne soutient pas les plus compétents de ses ministres, dont Malesherbes, Turgot, Necker... Une crise économique aggravée par la guerre d'Indépendance américaine conduit le gouvernement à la convocation des Etats généraux

(5 mai 1789) : mal conseillé, influencé par la reine, Louis XVI conduit la monarchie à sa chute. Le 10 août 1792, la prise du château des Tuileries met fin à l'Ancien Régime… Incarcéré au Temple avec sa famille, il est condamné à mort à une faible majorité, et monte sur l'échafaud le 21 janvier 1793. Son exécution entraînera une forte coalition européenne contre la France.

Louis XVIII

(Versailles 1755 - 1814 - Paris 1824)
Epouse : Louise de Savoie.
Troisième fils du dauphin Louis et de Marie-Josèphe de Saxe, Louis Stanislas Xavier, alors que le roi Louis XVI échoue à Varennes dans sa tentative de fuite, se réfugie en 1791 à Coblence, puis en Italie, en Russie et en Angleterre, et tente de mobiliser contre les Révolutionnaires les monarques européens. La mort de son neveu Louis XVII lui permet de se proclamer roi de France en 1795, sous le nom de Louis XVIII. Il revient sur le trône de France à la suite des armées coalisées victorieuses de Napoléon en 1814 : ce retour est d'ailleurs favorablement accueilli par une grande partie de la population qui voit là une garantie du retour à la paix avec les nations européennes et la fin de la dictature impériale. Il doit se résigner au régime constitutionnel de la Charte, mais se heurte à un entourage réactionnaire. Réfugié à Gand pendant les « *Cent-Jours* », il remonte sur le trône à la suite de la défaite de Bonaparte à Waterloo (18 juin 1815).

Charles X

(Versailles 1757 - 1824 - Goritz en Yougoslavie 1836)
Epouse : Marie-Thérèse de Savoie (ou de Sardaigne).
Dernier fils du dauphin et de Marie-Josèphe de Saxe, petit-fils de Louis XV, il est le chef des Ultras qui prônent le retour à l'Ancien Régime. Il devient roi à la mort de son frère Louis XVIII, est sacré à Reims et, malgré les incitations à accepter une politique libérales auxquelles il est soumis, il signe le 25 juillet 1830 quatre ordonnances dissolvant la Chambre à majorité libérale, modifiant la Charte et supprimant la liberté de la presse : il déclenche alors la révolution dite des « *Trois Glorieuses* » (27, 28, 29 juillet) et doit abdiquer le 2 août. Il quitte la France, puis, après un séjour en Angleterre, finira ses jours à Goritz.

Louis-Philippe Ier

(Paris 1773 - 1830 - Claremont 1850)
Epouse : Marie-Amélie de Bourbon-Siciles.
Fils du duc d'Orléans Louis-Philippe, dit « Egalité » (qui avait voté la mort de son cousin Louis XVI) et de Louise-Marie de Bourbon-Penthièvre, il opte pour le parti de la Révolution et participe aux batailles de Valmy et de Jemmapes. Il est poussé sur le trône par Lafayette et le banquier Laffitte. Il affronte entre 1830 et 1840 les tentatives insurrectionnelles des Légitimistes et des Républicains, instaurant une politique précaire. En 1840, il confie le pouvoir à Guizot, qui pendant sept ans sera le maître du pays. N'accordant pas les réformes demandées par le peuple (dont le suffrage universel), il soulève un profond mécontentement qui entraîne l'insurrection de 1848. Il se réfugie en Angleterre où il mourra (1850).

▼ **Charles X.**
Palais du Tau à Reims.
Photo Hervé Champollion.

Principes de succession

La monarchie française est héréditaire, c'est-à-dire que la dignité royale se transmet de père en fils, avec une primauté pour l'aîné. Initialement pourtant, le principe de l'élection à la couronne était la seule règle.

Mais on s'oriente dès le Xe siècle vers l'hérédité, avec Robert le Pieux, associé au pouvoir par son père et couronné dès 987. Cette pratique de l'association du fils au pouvoir détenu par son père permet d'assurer la succession, qu'une élection de principe entérine encore. Elle perdurera jusqu'à Philippe Auguste. Puis c'est l'hérédité pure et simple qui sera définitivement admise, et au profit des seuls héritiers mâles.

◄ **Les Etats généraux de Paris réunis pour régler le problème de la succession de Charles IV, dernier roi des Capétiens directs, mort sans succession mâle en 1328. La couronne passera à son cousin Philippe V de la lignée des Valoi**
Château de Versailles.
Photo RMN - Jean Alau

Quant aux femmes, il en va autrement puisque dès les origines, elles sont tout simplement écartées de la couronne. Leur éviction est d'abord une règle tacite qui paraîtra toute naturelle, lorsque le roi défunt a un fils. Elle trouve une justification juridique dans une interprétation abusive de la loi salique. Le vieux Code des Francs-Saliens, rédigé vers 510, comportait en effet un article excluant les femmes de l'héritage de la « terre salique », article abusivement étendu à la succession au trône. Ainsi les reines de France ne pourront-elles pas gouverner le royaume après la mort du roi, sauf lorsqu'elles assurent la régence durant la minorité de l'héritier mâle.

Le problème se posera par contre lorsque que le roi meurt sans descendance mâle. Le cas se présentera à la mort de Louis X (1316), qui avait eu de son premier mariage une fille, Jeanne, mais aucun héritier mâle. Il fallut donc attendre pour savoir si sa seconde femme, Clémence de Hongrie, enceinte de cinq mois, allait donner jour à un fils ou une fille. Le frère du roi défunt, Philippe de Poitiers, qui assurait la régence, mit à profit les quatre mois qui suivirent pour faire triompher le principe de l'exclusion des femmes. Mû par des ambitions personnelles, il s'appuya sur la loi salique et sur le fait que Marguerite de Bourgogne, mère de Jeanne, avait été condamnée pour adultère. Le 3 novembre 1316 naquit l'héritier Jean Ier dit le Posthume : il mourut quelques jours plus tard. Le régent Philippe, fortement soupçonné d'être l'auteur de sa mort, s'emparera du titre de roi et se fera couronner en hâte à Reims le 11 janvier 1317. A sa mort en 1322, il ne laissera que des filles et c'est son frère Charles IV qui automatiquement montera sur le trône : le principe était déjà admis et il sera confirmé en 1328, à la mort de Charles, sans descendance mâle, la couronne passant à Philippe VI de Valois, cousin germain du roi.

Par ailleurs, l'exclusion des femmes à la royauté trouve une seconde justification dans le sacre. Institué à partir de Pépin le Bref en 751, il est une copie de l'onction sainte faite aux rois hébraïques Saül, David et Salomon, mentionnée par la Bible. En fait, jusqu'en 1165, on parle non de « sacre » mais de « sacrement » d'un roi : durant cette cérémonie, une onction lui est conférée après qu'il ait fait un ou plusieurs serments (en latin : *sacramentum*). Cette onction est faite avec le baume de la Sainte Ampoule, apportée du Ciel, selon la légende, par une colombe lors du baptême de Clovis. Le baume, solidifié, est extrait de l'ampoule avec une épingle d'or puis mélangé au chrême des consécrations épiscopales. L'huile miraculeuse servira au sacre des rois de France de 496 à 1825, exception faite pour Henri IV, qui sera sacré à Chartres (1594) avec l'huile de l'ampoule de Marmoutiers, habituellement réservée à l'onction des ducs d'Aquitaine.

▲ **Couronne du sacre de Louis XV.**
Musée du Louvre. Photo RMN - Arnaudet.

Si elle confère au roi un caractère divin, cette onction lui donne en contrepartie certaines obligations. Elle le fait entrer dans la hiérarchie de l'Eglise dont il devient un serviteur à part entière, avec un rang assimilé à celui d'un diacre, d'un sous-diacre ou d'un chanoine. Le roi de France est ainsi chanoine d'un certain nombre de cathédrales (Lyon, Le Mans, Montpellier, Saint-Pol-de-Léon, Lodève...). Lors des couronnements impériaux à Rome, l'empereur doit remplir des fonctions de diacre en lisant l'Evangile et le roi de France celle de sous-diacre en lisant l'Epître.

Ce service ecclésiastique explique donc en partie l'exclusion des femmes du trône de France puisqu'elles ne peuvent remplir les fonctions de prêtre. Elles participeront certes à la royauté de leur mari mais sans pouvoir y accéder en personne.

On comprendra mieux ces pratiques de succession en songeant que longtemps, l'infériorité de la femme était admise de tous, et que l'Eglise elle-même aurait difficilement pu accorder le sacre à une femme puisque jusqu'au concile de Trente (1545-1563), elle considéra que la femme n'avait pas d'âme. L'affirmation « *mulier tota in utero* » (la femme est tout entière dans son utérus) indiquait assez quel était le rôle des femmes, et donc de la femme du roi : assurer la descendance.

Epouses royales et reines de France

Accordant la prééminence aux rois, l'Histoire de France s'est montrée plus discrète avec leurs épouses, même si certaines, comme Clotilde, Aliénor d'Aquitaine, Catherine de Médicis, Anne d'Autriche, en raison de leurs qualités personnelles ou de circonstances particulières, ont pu jouer un rôle déterminant pour la royauté.
Les pages suivantes proposent une généalogie simplifiée des épouses royales et des reines de France, établie sur une chronologie prenant pour référence la date connue ou supposée de leur mariage.

Basine de Thuringe (? - ? *)
Elle épouse Childéric Ier en 463 et donne naissance à Clovis.

Clotilde (*475 - Tours 545*)
Fille de Chilpéric, roi des Burgondes, elle épouse Clovis en 493 et donne naissance à Clotaire Ier le Vieux.

Chunsène (*? - ?*)
Elle est connue comme la première épouse de Clotaire Ier.

Gondioque (*? - ?*)
Elle est connue comme la deuxième épouse de Clotaire Ier.

Ingonde (*? - ?*)
Elle est connue comme troisième épouse de Clotaire Ier.

Arégonde (*? - ?*)
Elle est connue comme quatrième épouse de Clotaire Ier.

Radegonde (*Thuringe 519 - Poitiers 587*)
Reine franque, elle est connu comme cinquième épouse de Clotaire Ier avec qui elle se marie en 538.

Vultrade (*? - ?*)
Princesse lombarde, elle est connue comme sixième épouse de Clotaire Ier.

Haldetrude (*? - ?*)
Elle est connue comme première épouse de Clotaire II.

Bertrude (ou Bertrade) (*? - 620*)
Deuxième épouse de Clotaire II, elle donne naissance à Dagobert Ier.

Sichilde (ou Sicheut) (*? - ?*)
Elle est connue comme troisième épouse de Clotaire II.

▼ **Anne d'Autriche et son fils, le futur Louis XIV. Durant l'enfance du Dauphin, l'épouse de Louis XIII sera la régente du Royaume.**
Châteaux de Versailles et Trianon. Photo RMN.

* Note : les deux années indiquées correspondent à l'année de naissance et l'année de décès.

Gomotrude (ou Gomatrude) *(? - ?)*
Elle épouse Dagobert Ier en 626 et est répudiée en 629.

Nantilde (ou Nantechilde) *(610 - 642)*
Elle épouse Dagobert Ier en 629 et donne naissance à Clovis II.

Ragnétrude (ou Raintrude) *(? - ?)*
Elle épouse Dagobert Ier en 630.

Bathilde *(? - Chelles 680)*
Elle épouse Clovis II en 651 et donne naissance à Clotaire III, Thierry III et Childéric II.

Bilichilde *(? - 675)*
Elle épouse en 668 Childéric II.

Clotilde *(? - 691)*
Elle épouse Thierry III en 675 et donne naissance à Clovis III et à Childebert III.

Tanaquille *(? - 696)*
Elle est connue comme épouse de Clovis III.

Edonne *(? - ?)*
Elle est connue comme épouse de Childebert III.

Gisèle *(? - ?)*
Elle est connue comme épouse de Childéric III.

Rotrude (ou Chrotrud) *(? - 724)*
Elle est connue comme première épouse de Charles Martel.

Swanahilde ou Sonichilde *(? - ?)*
De la famille des ducs de Bavière, elle est connue comme seconde épouse de Charles Martel.

Berthe (ou Bertrade) de Laon
dite au *Grand Pied (719 - Choisy-au-Bac 783)*
Fille de Caribert, comte de Laon, elle épouse Pépin le Bref en 741 et donne naissance à Charlemagne et Carloman.

Himiltrude *(? - ?)*
Elle est connue comme première épouse de Charlemagne.

Désirade *(? - ?)*
Fille de Didier, roi des Lombards, elle épouse Charlemagne en 770 et sera répudiée en 771.

Hildegarde *(758 - 783)*
Fille d'Hildebrand, comte de Souabe, elle épouse Charlemagne en 771 et donne naissance à Louis Ier le Débonnaire.

Fastrade *(? - 794)*
Fille de Radulf, comte de Franconie, elle épouse Charlemagne en 783.

Liutgarde *(? - 800)*
Elle épouse Charlemagne vers 795.

Madelgarde *(? - ?)*
Elle est connue comme sixième épouse de Charlemagne.

Gerswinde *(? - ?)*
Elle est connue comme septième épouse de Charlemagne.

Régina *(? - ?)*
Elle est connue comme huitième épouse de Charlemagne.

Adelinde *(? - ?)*
Elle est connue comme neuvième épouse de Charlemagne.

Irmingarde (ou Ermangarde) *(? - 818)*
Elle est la première épouse de Louis Ier le Débonnaire.

Judith de Bavière
800 - Tours 845
Fille de Welf, comte de Bavière, elle épouse Louis Ier le Débonnaire (ou le Pieux) en 819 et donne naissance à Charles II le Chauve.

Ermentrude *(? - 869)*
Fille du comte d'Orléans, elle épouse Charles II le Chauve en 842 et donne naissance à Louis II le Bègue.

Richeut *(? - 877)*
Fille de Bivin, comte d'Ardenne, elle épouse Charles II en 870.

Ansgarde d'Hiémois *(? - 875)*
Elle épouse Louis II le Bègue en 862 et donne naissance à Louis III et Carloman. Elle est répudiée en 866.

Adélaïde (ou Aélis) de Paris *(? - 901)*
Elle épouse de Louis II le Bègue en 870 et donne naissance à Charles III le Simple.

Richarde *(? - 894)*
Princesse d'Ecosse, elle épouse Charles le Gros en 877.

Théodérade *(? - ?)*
Elle épouse Eudes vers 882.

Emma *(? - 935)*
Elle est connue comme épouse de Raoul (ou Rodolphe).

Béatrice de Vermandois *(? - ?)*
Elle épouse Robert Ier en 893.

Frédérune (ou Frérone) *(? - 917)*
Elle épouse Charles III en 907.

Odgive ou (Edvige) d'Angleterre *(896 - 951)*
Fille d'Edouard l'Aîné, roi d'Angleterre, elle épouse Charles III le Simple en 917 et donne naissance à Louis IV d'Outremer.

Gerberge de Saxe *(913 - 984)*
Fille d'Henri Ier l'Oiseleur, roi de Germanie, elle épouse Louis IV d'Outremer en 939 et donne naissance à Lothaire.

Emma *(? - 989)*
Fille de Lothaire II, roi d'Italie, elle épouse Lothaire en 966.

Adélaïde (ou Aélis) d'Aquitaine (ou de Poitou ou de Guyenne) *(? - 1004)*
Carolingienne, fille de Guillaume III, duc d'Aquitaine, elle épouse Hugues Capet en 970 et donne naissance à Robert II le Pieux.
Elle est reine de France de 987 à 996.

Adélaïde d'Anjou *(? - ?)*
Veuve d'Etienne Ier, comte du Gévaudan, elle épouse Louis V le Fainéant en 982.

Suzanne (ou Rosala) de Provence *(950 - 1003)*
Fille de Béranger, roi d'Italie, elle épouse Arnoul, comte de Flandre puis Robert II le Pieux en 988. Elle sera répudiée en 992.

Berthe de Bourgogne *(964 - 1024)*
Fille de Conrad le Pacifique, roi de Bourgogne-Provence et de Mathilde de France, elle épouse Robert II le Pieux en 996 puis est répudiée en 999. Elle est reine de France de 996 à 999.

Constance d'Arles (ou de Provence)
(? - Melun 1032)
Fille de Guillaume Ier, comte de Provence, elle épouse Robert II le Pieux en 1003 et donne naissance à Henri Ier.
Elle est reine de France de 1003 à 1031.

Mathilde *(? - 1044)*
Nièce de l'empereur d'Allemagne Henri II, elle épouse Henri Ier en 1043.
Elle est reine de France de 1043 à 1044.

Anne de Kiev ou de Russie *(1024 - 1075)*
Fille de Iaroslav Ier, grand-duc de Russie et Ingegerd de Norvège, elle épouse Henri Ier en 1049 et donne naissance à Philippe Ier.
Elle est reine de France de 1049 à 1060.

Berthe de Hollande *(1055 - 1094)*
Fille de Florent Ier, comte de Hollande et de Gertrude de Saxe, elle épouse Philippe Ier en 1072 et donne naissance à Louis VI le Gros. Elle est répudiée en 1092.
Elle est reine de France de 1072 à 1092.

Bertrade de Montfort *(1070 - Fontevraud 1118)*
Fille de Simon Ier de Montfort, elle épouse Foulques d'Anjou, puis Philippe Ier en 1092. Elle est répudiée en 1105.
Elle est reine de France de 1092 à 1105.

Lucienne de Rochefort *(? - ?)*
Fille de Gui le Rouge, comte de Rochefort, elle épouse Louis VI le Gros en 1104 et sera répudiée en 1107.

Adélaïde (ou Alix ou Aélix) de Savoie (ou de Maurienne) *(? - 1154)*
Fille d'Humbert II, comte de Savoie, et nièce du pape Calixte II, elle épouse Louis VI le Gros en 1115, donne naissance à Louis VII le Jeune, puis épouse le connétable Mathieu de Montmorency.
Elle est reine de France de 1115 à 1137.

Aliénor (ou Eleonore) d'Aquitaine
(Nieul-sur-l'Authize 1122 - Fontevraud 1204)
Fille de Guillaume X, duc d'Aquitaine, elle épouse Louis VII en 1137. Ce mariage ayant été annulé en 1152, elle épouse la même année Henri Plantagenêt. De ce mariage, elle aura pour fils Richard Cœur de Lion et Jean sans Terre.
Elle est reine de France de 1137 à 1152, reine d'Angleterre de 1154 à 1189 et régente d'Angleterre de 1189 à 1194.

Constance de Castille *(? - 1160)*
Fille d'Alphonse VII, roi de Castille, elle épouse Louis VII en 1154.
Elle est reine de France de 1154 à 1160.

Adèle (ou Alix) de Champagne *(? - Paris 1206)*
Fille de Thibaut II, comte de Champagne, elle épouse Louis VII en 1160 et donne naissance à Philippe II Auguste.
Elle est reine de France de 1160 à 1180.

Isabelle de Hainaut (ou de Flandres)
(Lille 1170 - Paris 1190)
Descendante des Carolingiens, fille de Baudouin V, comte de Hainaut et de Flandres, elle épouse Philippe II Auguste en 1180 et donne naissance à Louis VIII le Lion.

Ingeburge (ou Isambour ou Ingeborg) de Danemark *(1175 - Essonne 1236)*
Fille de Valdemar, roi de Danemark, elle épouse Philippe II Auguste en 1193, mais sera répudiée le lendemain de son mariage puis réhabilitée en 1212.
Elle est reine de France de 1193 à 1223.

▼ **Aliénor d'Aquitaine. Gisant.**
Abbaye de Fontevraud.
Photo Hervé Champollion.

Agnès de Méranie (ou de Méran)
(? - Poissy 1201)
Fille de Berthold, duc de Méranie (Tyrol), elle devient en 1196 la troisième épouse Philippe II Auguste puis est répudiée en 1200, après que le pape Innocent III eut obligé le roi à reprendre sa seconde épouse Ingeborg.
Elle est reine de France de 1196 à 1200.

Blanche de Castille
(Palencia 1188 - Maubuisson 1252)
Fille d'Alphonse VIII, roi de Castille et d'Eléonore d'Angleterre, elle épouse Louis VIII en 1200 et donne naissance à Louis IX.
Elle est reine de France de 1223 à 1226, puis régente de 1226 à 1234 et de 1249 à 1252.

Marguerite de Provence
(1221 - Saint-Marcel près de Paris 1295)
Fille de Raymond Béranger IV, comte de Provence, elle épouse Louis IX en 1234 et donne naissance à Philippe III le Hardi.
Elle est reine de France de 1234 à 1270.

Isabelle d'Aragon *(1243 - 1271)*
Fille de Jacques Ier, roi d'Aragon, elle épouse Philippe III le Hardi en 1262 et donne naissance à Philippe IV le Bel.
Elle est reine de France de 1270 à 1271.

Marie de Brabant
(Louvain vers 1254 - Murel près de Nantes 1321)
Fille d'Henri III, duc de Brabant, elle épouse Philippe III le Hardi en 1274.
Elle est reine de France de 1274 à 1285.

Jeanne de Navarre
(Bar-sur-Seine 1270 - Vincennes 1304)
Fille d'Henri Ier, roi de Navarre et comte de Champagne et de Brie, elle épouse Philippe IV le Bel en 1284 et donne naissance à Louis X le Hutin, Philippe V le Long, Charles IV le Bel.
Elle est reine de Navarre de 1274 à 1304 et reine de France de 1285 à 1304.

Catherine de Courtenay *(? - ?)*
Fille de Philippe de Courtenay, elle épouse Philippe VI en 1301.

Marguerite de Bourgogne
(1290 - Château-Gaillard 1315)
Fille de Robert II, duc de Bourgogne et d'Agnès de France, elle est la petite-fille de Louis IX. Elle épouse Louis X le Hutin en 1305 et sera assassinée sur ordre de son mari à Château-Gaillard.
Elle est reine de France en 1315.

Blanche de Bourgogne *(1296 - Maubuisson 1326)*
Fille d'Othon, comte de Bourgogne, elle épouse Charles IV en 1307, mais elle est répudiée quand son mari accède au trône en 1322.

Jeanne de Bourgogne *(1292 - 1329)*
Fille d'Othon, comte de Bourgogne, elle épouse Philippe V en 1307.
Elle est reine de France de 1316 - 1322.

Jeanne de Bourgogne (ou de Bourbon)
(1293 - 1359)
Fille de Robert II, duc de Bourgogne, elle épouse Philippe VI de Valois 1313 et donne naissance à Jean II le Bon.
Elle est reine de France de 1328 à 1348.

Clémence de Hongrie *(1293 - 1328)*
Fille de Charles Ier, roi de Hongrie, elle épouse Louis X en 1315 et donne naissance à Jean Ier Posthume.
Elle est reine de France de 1315 à 1316.

Marie de Luxembourg *(1305 - 1324)*
Fille de l'empereur Henri VII, elle épouse Charles IV en 1322.
Elle est reine de France de 1322 à 1324.

Jeanne d'Evreux *(1310 - Brie-Comte-Robert 1371)*
Fille de Louis, comte d'Evreux, elle épouse Charles IV.
Elle est reine de France de 1325 à 1328.

Bonne de Luxembourg (ou de Bohême)
(1315 - 1349)
Fille de Jean Ier de Luxembourg, roi de Bohême, elle épouse Jean II en 1332 et donne naissance à Charles V le Sage.

Blanche de Navarre *(1330 - 1398)*
Fille de Philippe III de Navarre, elle épouse Philippe VI de Valois en 1349.
Elle est reine de France de 1349 à 1350.

▲ **De gauche à droite, Isabeau de Bavière et Anne de Bretagne.**
Galerie des Illustres - Château de Beauregard.
Photos Hervé Champollion.

Jeanne de Boulogne (ou d'Auvergne)
(1326 - 1361)
Fille de Guillaume XII, comte de Boulogne et d'Auvergne, elle épouse Philippe de Bourgogne puis Jean II le Bon en 1350.
Elle est reine de France de 1350 à 1361.

Jeanne de Bourbon *(1338 - 1377)*
Fille de Pierre Ier, duc de Bourbon et d'Isabelle de Valois, elle épouse Charles V en 1350 et donne naissance à Charles VI le Fol.
Elle est reine de France de 1364 à 1377.

Isabeau (ou Isabelle) de Bavière
(Munich 1371 - Paris 1435)
Fille d'Etienne II, duc de Bavière-Ingolstadt, elle épouse Charles VI en 1385 et donne naissance à Charles VII le Victorieux.
Elle est reine de France de 1385 à 1422 puis chef du Conseil de régence de 1392 à 1422.

Marie d'Anjou *(1404 - Châtellier, Poitou 1463)*
Fille de Louis II, duc d'Anjou et roi de Naples et de Sicile, elle épouse Charles VII en 1422 et donne naissance à Louis XI.
Elle est reine de France de 1422 à 1461.

Marguerite d'Ecosse (ou Stuart)
(1425 - Châlons-en-Champagne 1445)
Fille de Jacques Ier, roi d'Ecosse, elle épouse Louis XI en 1436.

Charlotte de Savoie *(1445 - 1483)*
Fille de Louis Ier, prince du Piémont, elle épouse Louis XI en 1451 et donne naissance à Charles VIII l'Affable.
Elle est reine de France de 1461 à 1483.

Jeanne de France (ou de Valois)
(1464 - Bourges 1505)
Fille de Louis XI et de Charlotte de Savoie (sœur d'Anne de Beaujeu et Charles VIII), elle épouse Louis XII en 1476, mais sera répudiée en 1498.
Elle est reine de France en 1498.

Marguerite d'Autriche *(1480 - 1530)*
Fille de l'empereur Maximilien, élevée à la cour de France, elle épouse Charles VIII en 1483, mais son mariage sera annulé.

Anne de Bretagne *(Nantes 1477 - Blois 1514)*
Fille de François II, duc de Bretagne et de Marguerite de Foix, elle épouse l'empereur germanique Maximilien Ier en 1490, puis Charles VIII en 1491 et Louis XII en 1499. De ce mariage naîtra Claude de France, future épouse de François Ier. Elle est duchesse de Bretagne de 1488 à 1514, reine de France de 1491 à 1498 et de 1499 à 1514.

Marie d'Angleterre (ou Tudor) *(1497 - 1534)*
Fille d'Henri VII, roi d'Angleterre, elle épouse Louis XII en 1514 puis le duc de Suffolk en 1515.
Elle est reine de France de 1514 à 1515.

Claude de France *(Romorantin 1499 - Blois 1524)*
Fille de Louis XII et d'Anne de Bretagne, elle épouse François Ier en 1514 et donne naissance à Henri II.
Elle est reine de France de 1515 à 1524.

Eléonore d'Autriche (ou de Habsbourg)
(Louvain 1498 - Talavera 1558)
Fille de Charles le Beau, roi de Castille et de Jeanne la Folle, sœur de Charles Quint, elle épouse Manuel Ier, roi du Portugal en 1519, puis François Ier en 1530.
Elle est reine de France de 1530 à 1547.

Catherine de Médicis *(Florence 1519 - Blois 1589)*
Fille de Laurent II de Médicis, duc d'Urbino et de Madeleine de la Tour d'Auvergne, elle épouse Henri II en 1533. Elle donne naissance à François II, Charles IX, Henri III.
Elle est reine de France de 1547 à 1559, régente de 1560 à 1564.

Marie Stuart *(Linlithgow en Ecosse 1542 - Fotheringay en Angleterre 1587)*
Fille de Jacques V, roi d'Ecosse et de Marie de Guise. Elle épouse le roi de France François II en 1558. Veuve en 1560, elle se remarie avec lord Darnley en 1565, puis avec le comte de Bothwell en 1567.
Elle est reine de France de 1559 à 1560 et reine d'Ecosse de 1542 à 1567.

Elisabeth d'Autriche
(Vienne 1554 - Vienne 1592)
Fille de l'empereur Maximilien II, roi de Germanie, de Bohême et de Hongrie, elle épouse Charles IX en 1570.
Elle est reine de France de 1570 à 1574.

▲ **Catherine de Médicis.**
Château de Chaumont-sur-Loire.
Photo Hervé Champollion.

Marguerite de Valois (ou de France)
(Saint-Germain-en-Laye 1553 - Paris 1615)
Fille d'Henri II et de Catherine de Médicis, elle épouse Henri IV en 1572 mais le mariage est annulé en 1599.
Elle est reine de France de 1589 à 1599 (la « reine Margot »).

Louise de Lorraine-Vaudémont *(1553 - 1601)*
Fille de Nicolas de Lorraine, comte de Vaudémont et de Marguerite d'Egmont, elle épouse Henri III en 1575.
Elle est reine de France de 1575 à 1589.

Marie de Médicis *(Florence 1573 - Cologne 1642)*
Fille de François Ier, grand-duc de Toscane et de Jeanne d'Autriche, elle épouse Henri IV en 1600 et donne naissance à Louis XIII le Juste.
Elle est reine de France de 1600 à 1610 puis régente de 1610 à 1614.

Anne d'Autriche *(Valladolid 1601 - Paris 1666)*
Fille de Philippe III, roi d'Espagne et de Marguerite d'Autriche, elle épouse Louis XIII en 1615 et donne naissance à Louis XIV.
Elle est reine de France de 1615 à 1643 puis régente de 1643 à 1651.

▲ **De haut en bas et de gauche à droite, Marie d'Angleterre, Marie Stuart, Marie de Médicis et Anne d'Autriche.**
Galerie des Illustres - Château de Beauregard.
Photos Hervé Champollion.

Marie-Thérèse d'Autriche
(Madrid 1638 - Versailles 1683)
Fille de Philippe IV, roi d'Espagne et d'Elisabeth de France (sœur de Louis XIII), elle épouse Louis XIV en 1660.
Elle est reine de France de 1660 à 1683.

Maintenon (marquise de),
Françoise d'Aubigné *(Niort 1635 - Saint-Cyr 1719)*
Petite-fille d'Agrippa d'Aubigné, elle épouse Scarron 1652, devient préceptrice des enfants royaux de Madame de Montespan, puis épouse secrètement Louis XIV, vraisemblablement en 1684.

Marie Leczinska *(Breslau 1703 - Versailles 1768)*
Fille de Stanislas Leczinsky, roi de Pologne puis duc de Lorraine et de Catherine Opalinska, elle épouse Louis XV en 1725.
Elle est reine de France de 1725 à 1768.

Marie-Antoinette d'Autriche
(Vienne 1755 - Paris 1793)
Fille de François Ier, empereur d'Autriche et de Marie-Thérèse, reine de Hongrie, elle épouse Louis XVI en 1770.
Elle est reine de France de 1774 à 1792.

Louise de Savoie *(1753 - 1810)*
Fille de Victor-Amédée III, roi de Sardaigne, elle épouse Louis XVIII en 1771.

Marie-Thérèse de Savoie *(1756 - 1805)*
Fille de Victor-Amédée III, roi de Sardaigne, elle épouse Charles X en 1773.

Marie-Amélie de Bourbon
(Caserte 1782 - Claremont 1866)
Fille de Ferdinand Ier, roi des Deux-Siciles, elle épouse Louis-Philippe Ier en 1809.
Elle est reine de France de 1830 à 1848.

▼ **Incarcérée au Temple avec sa famille en août 1792, Marie-Antoinette sera exécutée le 16 octobre 1793, à l'issue d'un procès pénible.**
Conciergerie, Paris. Photo Hervé Champollion.

Index

Rois

Epouses royales et reines

▲ **Marie Leczinska.**
Châteaux de Versailles et Trianon. Photo RMN - P. Bernard.

A visiter...

De nombreux châteaux permettent d'illustrer l'histoire des rois de France. Parmi eux :
Amboise (Indre-et-Loire) : Charles VII et Charles VIII ;
Angers (Maine-et-Loire) : Saint Louis ;
Blois (Loir-et-Cher) : Louis XII, François Ier et Henri III ;
Chambord (Loir-et-Cher) : François Ier ;
Chinon (Indre-et-Loire) : Charles VII et Charles VIII ;
Compiègne (Oise) : Louis XV ;
Fontainebleau : François Ier ;
Le Louvre (partie médiévale) à Paris : Philippe Auguste ;
Loches (Indre-et-Loire) : Charles VII ;
Pau (Pyrénées-Atlantiques) : Henri IV ;
Versailles (Yvelines) : Louis XIII, Louis XIV, Louis XV, Louis XVI et Louis-Philippe ;
Vincennes (Val-de-Marne) : Philippe Auguste, Charles V et Saint Louis.

La cathédrale de **Reims** (Marne), lieu du sacre des rois à partir d'Henri Ier et l'abbatiale de **Saint-Denis** (Seine-Saint-Denis), devenue nécropole royale avec Philippe Auguste, compléteront cette évocation.

A ne pas manquer :
la Galerie des Illustres, au château de **Beauregard** (Loir-et-Cher). Cette curieuse collection de quelque 325 portraits authentiques montre les rois de France depuis Philippe VI de Valois jusqu'à Louis XIII, ainsi que leurs contemporains les plus importants.
(Château de Beauregard 41120 Cellettes.
Tél/fax : 02 54 70 36 74.
Ouvert de 9h30 à 12h et de 14h à 18h30 d'avril à septembre, journée continue en juillet-août, ouvert jusqu'à 17h hors saison.)

Conception graphique : **Brigitte Racine**

Photogravure, Scann'Ouest Rennes

Cet ouvrage a été achevé d'imprimer par Gibert Clarey Imprimeurs, Chambray-lès-Tours (37)
I.S.B.N. : 978-2-7373-5045-0 - N° d'éditeur : 6150.11.6,5.02.16 - Dépôt légal : juillet 2010 - Imprimé en France
www.editionsouestfrance.fr